Die Hexe: Eine Erzählung

Wilhelm Weigand

Alpha Editions

This edition published in 2022

ISBN : 9789356900691

Design and Setting By
Alpha Editions
www.alphaedis.com
Email - info@alphaedis.com

Die Hexe
Eine Erzählung

von

Wilhelm Weigand

An einem schönen Maimorgen des Jahres 1751 fuhr eine festliche Gesellschaft in einem Dutzend alter Staatskutschen aus dem Falkentor der Reichsstadt Frankenthal auf das Appental los. Es galt, der Grundsteinlegung des Schlosses Monrepos anzuwohnen, das der Fürstbischof Adam Friedrich von Helmstätt nach den Plänen Johann Balthasar Neumanns für seinen Neffen, den jungen Fürsten Lothar Franz von Weiningen, der sich just auf seiner Kavalierstour durch Europa befand, an der Stelle eines alten Jagdhauses errichten ließ. Am Vorabend des bedeutsamen Ereignisses war der Domherr Withold von Hutten als Vertreter seines Herrn, der in Würzburg an der Gicht darniederlag, mit einem würdigen Gefolge von Weltgeistlichen und bischöflichen Beamten in Frankenthal angelangt, um die Ehrengäste auf dem Bauplatze zu begrüßen und nach der Grundsteinlegung unter einem offenen Zelte zu bewirten. Auf der Herreise war er in dem Wallfahrtsorte Walldürn mit einem Sohne des kurmainzischen Oberamtmanns zu Bischofsheim, dem jungen Freiherrn Emmerich Rüdt von Collenberg, zusammengetroffen, der in einer Familienangelegenheit an den Hof nach Mainz ging und die berühmte Reichsstadt nur auf der Durchreise zu berühren gedachte. Doch das Unglück wollte es, daß der vorausfahrende Kutscher des Freiherrn, ein gewalttätiger Bursche, in der engen Torgasse gegen einen Prellstein fuhr und die Achse seines Reisewagens brach. Der junge Herr gab dem Tölpel einen Fußtritt; aber er mußte sich, trotz aller Eile, wohl oder übel entschließen, bis zur Ausbesserung des Schadens in der Stadt zu verweilen, und der Domherr zeigte sich hocherfreut, unter den zahlreichen Gästen einen Bekannten zu wissen, dessen Späße ihm die Fahrt kurzweilig gemacht hatten. Der junge Fant machte kein Hehl aus seinem Wesen: er war für den Hofdienst in Mainz bestimmt; er war in Venedig und in Paris gewesen, und was er von dem Leben der guten Gesellschaft an diesen Lustorten der höhern Welt zu erzählen wußte, ließ die kleinen Äuglein des beleibten geistlichen Herrn bei der Erinnerung an dieses festliche Treiben immer wieder erglänzen. —

In der ersten Festkutsche fuhr der Domherr mit dem Bürgermeister Adam Lienlein und zwei geistlichen Herren, dem katholischen Dekan Lotter und dem evangelischen Propst Veit Schlegelmilch, einher; in einer zweiten folgte die Bürgermeisterin mit den Gattinnen dreier Ratsherren; die dritte Kutsche war vollbepackt mit Jugend und Schönheit: unter den vier geputzten Mädchen, die da lachend und kichernd in den Morgen hineinfuhren, saß ein blondes elfenhaftes Wesen, die Tochter des verstorbenen Oberförsters von Weiningen, Babette Glock, aufrecht wie eine junge Königin auf dem Rücksitz und wechselte schelmische Blicke mit dem Junker Emmerich Rüdt, der in französischem Reitrock neben der bemalten Kutsche einherritt und unter seinem Federhut mit den Augen eines glücklichen Siegers auf die zwitschernde Weiblichkeit in dem Wagen herabsah. Je lustiger aber das Lachen der Mädchen klang, desto finsterer blickten die jungen Herren drein, die in einem wackeligen Gefährt hinter dem dritten Wagen einherrasselten: da saß, außer zwei Ratsherrnsöhnen, der einzige Sohn des Bürgermeisters, Kaspar Lienlein, der im Frühjahr von der Akademie zu Mainz nach Hause gekommen war, neben dem neuen Stadtschreiber oder Kanzler Friedrich Lerch, den der große Rat just am Tag zuvor erst gewählt hatte und der nun der Bestätigung seiner Wahl nicht ohne Bangen entgegensah: denn es war, von alters her, der Brauch in Frankenthal, daß auf einen katholischen Stadtschreiber ein evangelischer folgte, und Friedrich Lerch war, wie sein Vorgänger, im katholischen Glauben geboren und erzogen und zudem kein Frankenthaler Kind. Der lustige Junker Emmerich, der hoch zu Roß neben den jungen Demoiselles einherritt, war den jungen Frankenthaler Herren ein Dorn im Auge: sie betrachteten den Sohn des kurfürstlichen Amtmanns als Eindringling in ein Reich, wo die Frankenthaler von jeher keinen Nebenbuhler zu dulden geneigt waren, und sannen mit gerunzelten Stirnen darüber nach, welchen Possen sie dem verfluchten Windhund, der nach Ambra und Moschus duftete, vor seiner Abreise spielen könnten. —

Als die Kutschen an dem Bauplatz vorfuhren, begann zunächst ein würdiges Komplimentieren und Begrüßen, wobei sich der Junker Collenberg wie ein frisch ausgeschlüpfter Schmetterling unter den Gästen umherbewegte. Er küßte alten und jungen Damen die Fingerspitzen mit einer Grazie, vor deren Leichtigkeit die jungen Frankenthaler Herren vor Neid erblaßten, und sein dünner Zierdegen stach wie ein Blitz in die Luft, wenn er sich auf eine Frauenhand niederbeugte, um seine gespitzten Lippen draufzudrücken. Da der Meister Neumann studierenshalber in Paris weilte und zurzeit dort krank zu Bette lag, geleitete sein Gehilfe, ein in schwarze Seide gekleideter Italiener, die Herrschaften beim Klange eines Festmarsches zu den Fundamenten, wo der Stadtpfarrer die Weihe vornahm, worauf der Domherr von Hutten den Bau dem Schutz der jungfräulichen Himmelsmutter, der Patronin Frankens, anempfahl und im Namen der allerheiligsten Dreifaltigkeit den ersten Hammerschlag tat. Die Bürgermeisterin Lienlein, als die erste Frau des festlichen Kreises, versenkte sodann ein versiegeltes Dokument und eine gehäufte Schale voller silberner und goldener Münzen in den Stein, worauf ihn die anwesenden Mädchen mit den ersten Rosen des Jahres bewarfen.

Während von den Ehrengästen jeder sein Hammerschläglein tat, bliesen vier Hornisten, die abseits auf einer Wiese standen, einen Choral und stimmten sodann einen Marsch an, als die Gesellschaft in feierlicher Stimmung nach dem Zelte aufbrach, wo eine schweigende Dienerschaft in der bischöflichen Haustracht um die geschmückte Festtafel bereitstand. Der Domherr von Hutten gedachte, seinen jungen Reisefreund bei Tisch in seine Nähe zu ziehen; aber der Fant zog es vor, sich an das andere Ende, zu den jungen Mädchen, zu setzen, von wo sofort, als die Diener süßen Wein in spitzen Gläsern reichten, helles und dunkles Lachen wie ein vielstimmiges Glockengeläute über die festlich schimmernde Tafel hereinbrach.

Das elfenhafte Fräulein Babette Glock saß anfangs schweigend und wie von innerem Glücke glühend unter ihren Freundinnen da. Sie hielt ihre Augenlider gesenkt; aber wenn sie ihre großen blauen Augen aufschlug, ging ein Leuchten über ihr Gesicht und blieb als Lächeln stehen, wenn ihre Blicke zu dem Kanzler Friedrich Lerch hinüberschweiften, auf dessen ernstem Gesicht der Abglanz seiner künftigen Amtswürde lag. Der Junker Emmerich aber führte das große Wort; er behauptete, die zierlichsten Füße der Welt habe er in Frankenthal zu Gesicht bekommen, und als endlich, gegen Ende der Festmahlzeit, einige besonders edle alte Weine aus dem ehrwürdigen Juliusspitalkeller in die Römer flossen, erklomm die Lustigkeit des jungen Freiherrn, der sich unter den lachenden Frauen mehr und mehr als Hahn im Korbe fühlte, die höchste Staffel. Beim ersten Anstoßen mit dem schweren Tranke neigte er sich zu seiner Nachbarin und raunte ihr eine leise Mitteilung ins Ohr. Babette Glock hielt den Blick gesenkt, während ihr Nachbar sein Geheimnis preisgab, und nahm die Miene eines erstaunten Kindes an, als sie mit sanftester Stimme entgegnete: „Ich kann es fast nicht glauben, daß der Herr nur dieser Sache wegen nach Mainz geht!“

Der Junker lachte und tat erstaunt: „Hat die Demoiselle von der Sache läuten hören? Ich mache die Gesellschaft zum Richter meines Herrn Vaters. Der ist ein Mann von Geschmack: er weiß, daß man auch zum Beten eine würdige Umgebung braucht. Was tut er also? Er läßt einen alten baufälligen Altar, den sogenannten Schleieraltar, abbrechen und an den freigewordenen Pfeiler, mitten in der Pfarrkirche, eine richtige Gebetsloge bauen, — *du meilleur goût, je puis l'assurer*, — mit Spiegeln, gepolsterten Gebetstühlen und einer bequemen Rückenlehne, — den Vorhang nicht zu vergessen. Es soll ja vorkommen, daß die Predigten einer hochwürdigen Geistlichkeit, besonders an gewöhnlichen Sonntagen, hie und da einschläfernd wirken, und da wäre es, *parbleu*, eine böse Sache, wenn fromme alte Jungfern plötzlich sähen, daß der würdige Mund des kurfürstlichen Amtmanns sich während der Messe oder der Vesper zu etwas anderem öffnete als zu einem Vaterunser oder einem Ave-Maria. Der Vorhang, der solche mißliche Blicke abhalten soll, ist aus schwerem violettem Samt, und die rosigen kleinen Engel, die ihn oben zusammenraffen und festhalten, von der Hand eines Meisters: ich habe, *parole d'honneur*, selbst in Venedig oder in Paris, wo ähnliche Liebesengel allerdings andere Vorhänge vor anderen Gebetstellen in Ordnung halten, keine besseren gesehen. Ich bin also nicht nur als Sohn, sondern auch als Kenner gezwungen, meinem Herrn Vater vollständig recht zu geben. Der hochwürdigste Herr Stadtpfarrer Ferdinand Bingemer, *un cafard*, ist allerdings anderer Meinung: er hat beim erzbischöflichen Kommissariat in Mainz Beschwerde gegen unsere Familiengebetsloge eingelegt und meinen Vater auch noch durch ein paar Domherren, die uns, ich weiß nicht warum, nicht riechen können, wegen anderem mehr weltlicher Art anschwärzen lassen. Und diese Sache soll ich in Ordnung bringen, was ich auch zu tun gedenke —"

Schüchtern wie ein Kapellenglöcklein bemerkte Babette: „Aber es heißt, es sei bei dem Niederreißen des Altars eine kostbare Reliquie verschwunden."

„Ah, Mademoiselle meint den sogenannten Schleier der Mutter Gottes? Es bestand ja allerdings der Glaube, daß der Schleier der jungfräulichen Mutter Gottes auf dem Altar aufbewahrt wurde, der unserer Gebetsloge weichen mußte. Aber, *mesdames*, niemand wird mich persuadieren, daß die Jungfrau Maria einen solchen Schleier getragen hat: denn ich habe ihn mit meinen eigenen Augen gesehen und weiß, was ein Schleier ist, oder sein soll. Das Testament, in welchem sie, wie man sagt, den Schleier unserer Pfarrkirche vermacht haben soll, hat noch kein Mensch zu Gesicht bekommen, obwohl die Stadt Messina ja, wie ich auf meiner Tour in Italien an verschiedenen Orten hörte, ein paar Briefe von ihrer himmlischen Hand besitzen will. Dieser angebliche Marienschleier war nämlich aus einem grauen, unscheinbaren Zeug, und ich muß sagen: wenn ich die Mutter Gottes gewesen wäre, ich hätte einen ganz andern Schleier getragen, aus venezianischen oder Brüsseler Spitzen, *qui sont si délicieuses à chiffonner*. Der verschwundene Schleier war wirklich, wie mir die Damen glauben dürfen, zu simpel für die künftige Königin des Himmels, und es ist nicht schade darum."

Jetzt mischte sich der rothaarige Sohn des Bürgermeisters, dessen tückische Augen vor Ingrimm funkelten, in das Gespräch: „Der Herr sollte nicht über heilige Dinge spotten," zischte er mit bebender Stimme.

Der Junker Emmerich öffnete vor Erstaunen seinen Mund und wandte sich an die Mädchen: „O la la! Ist der Herr am Ende Bürgermeister? Man wird bald nicht mehr lachen dürfen. Ich hoffe jedoch, seiner kurfürstlichen Durchlaucht eine angenehme Stunde zu bereiten, indem ich ihr die Geschichte von dem Schleier erzähle. *Son Altesse aime à rire, comme tous les vrais grandseigneurs.* Übrigens" — so fuhr er, nach einem kräftigen Schluck Steinwein, zu dem Sohne des Bürgermeisters gewandt, fort — „haben wir uns nicht schon in Venedig gesehen? Als ich die Gondel zur Abfahrt nach

Padua bestieg — ich wohnte mit meinem Hofmeister in der *Stella d'oro* —, wurde gerade ein Reisender verprügelt, der Ihnen aufs Haar glich. Solche Schläge habe ich noch nie mit angesehen und, *ma foi*, auch noch nie erhalten. Der Herr darf mir glauben: es ist auch eine Kunst, Schläge mit Grazie einzustecken! Der Tanz eines Knüppels erinnert mich immer an gewisse Bauerntänze, die einer Gavotte gleichsehen wie ein Bär dem Hermelin. Sie waren es also wirklich nicht, der seine Prügel mit solcher Würde einsackte? Das tut mir leid — *pardon*, ich wollte sagen, ich bedaure *infiniment*, daß Sie Venedig noch nicht kennen. Eine einzige Stadt, in der man seine blauen Wunder erleben kann! Dort wäre meinem Herrn Vater die Geschichte mit dem Gebetstuhl nicht passiert; aber ich säße auch nicht hier in diesem aimablen Kreise, *où la grâce règne en maîtresse*."

Die Mädchen lachten errötend, und der Sohn des Bürgermeisters wurde rot wie ein abgekanzelter Schuljunge.

Am obersten Tischende, wo die Ehrengäste beisammensaßen und die Gläser tiefer klangen, hatte das Gespräch einen anderen Weg betreten: die Herren sprachen von den Hexenbränden, die, nach langer Zwischenzeit, hie und da wieder in fränkischen Landen aufflammten, und nickten nachdenklich mit den weinroten Köpfen: vor zwei Jahren war die Superiorin Maria Renata Singer in Würzburg verbrannt worden; ein Jahr darauf fingen die Gerolzhofer, die nicht hinter der Bischofsstadt zurückbleiben wollten, eine junge Hexe, die Frau eines Ofenmachers, um sie dem gleichen Schicksal zu überantworten, und nun hieß es, da und dort sei man einem heimlichen Hexlein auf die Spur geraten und werde, wie früher, wüste Dinge erleben.

„Sie glauben wohl auch nicht an Hexen, Herr Baron?" fragte der Sohn des Bürgermeisters, der einen Brocken des Hexengesprächs aufgeschnappt hatte, den angeheiterten Junker mit scharfer und hämischer Stimme.

Dieser lachte: „O doch! Ich habe in Paris Hexen kennen gelernt, die auch dem hartgesottensten Philosophen den Glauben an das Hexen beizubringen vermochten; aber dort denkt kein Mensch an Hexenbrand, sondern die Männer, die Männer, mein Herr, verbrennen im Feuer einer Liebe, deren Wirkung ich beinah leider auch am eigenen Leib erfahren hätte. An andere Hexen, von denen es heißt, daß sie Schloßenwetter machen und andere Zaubereien verüben können, glaube ich nie und nimmer."

Kaspar Lienlein fuhr fort, indem er den Junker herausfordernd mit den Blicken maß: „Die Ofenmacherin in Gerolzhofen hat ihre Hexereien selber eingestanden, Herr Baron! Sie ist selbst zum Hexenrichter gekommen und hat sich der Hexerei bezichtigt: sie habe vor sechs Jahren Gott und allen Heiligen abgeschworen; sie sei ganz arm und ohne Brot gewesen, da sei der Böse zu ihr gekommen in einem schönen grünen Kleid. Er habe sich Federkiel genannt und habe ihr versprochen, wenn sie sein Eigentum sein wolle, wolle er ihr Geld geben. Er habe ihr auch einen Vierbätzner gegeben, wofür sie sich Brot gekauft habe; dann habe sie einen Fastentanz auf dem Galgensteig mitgemacht, wo auch die Pfarrmagd Margret und eine Beckin aus Grünsfeld mitgetanzt hätten. Der grüne Pfeifer sei mitten in der Linde gesessen und habe den Burlebanz gepfiffen. Den Wein hat man in ledernen Flaschen gebracht, und dazu haben sie gebratene Vöglein, wie Spatzen und Finken, doch ohne Salz, gegessen. Die Ofenmacherin hat von dem Grünen eine Hexensalbe in einem hölzernen Büchslein erhalten. Das Ammenfräulein hatte solche verfertigt. Dazu hat sie ein uneheliches Pfaffenkind aus dem Kirchhof ausgegraben, in ein Tuch gewickelt und zu Haus gesotten. Mit der Salbe hat sie zu Weihnachten ein Kieselwetter gemacht, indem sie in des Teufels Namen Kornähren, Weinaugen, Birnen- und Apfelknospen in den Main geworfen hat."

Bei jeder dieser Feststellungen, die der Bürgermeisterssohn mit Ingrimm hervorstieß, fuhr er auch mit dem Finger nach vorn, als ob er seinen Gegner aufspießen wolle. Babette aber begleitete den Rhythmus dieser Erregung mit einem goldenen Kuchenmesserchen, indem sie es ganz leicht auf dem damastnen Tischtuch tanzen ließ. —

Der Junker von Collenberg aber spitzte seinen vollen Mund und fragte mit dem Ernste eines Schalks: „Der Herr hat einen Tanz erwähnt, der mir neu ist. Ich kenne Gavotten, Sarabanden und — Allemandes, die auch ihre Vorzüge haben; aber der Burlebanz ist mir unbekannt. Ich entnehme übrigens Ihrer geschätzten Mitteilung, daß unsere hiesigen Hexen Musik und Tanz lieben. Das macht der Stadt, *où le sexe est si aimable*, alle Ehre. Wissen Sie vielleicht, Herr Hexenrichter, auf welchem Instrument der Grüne diesen famosen — wie sagten Sie? — Burlebanz geblasen oder gepfiffen hat?"

„Ein Hörnchen war's!"

„Nein, ein Flötchen!" rief Babette lachend. Sie hatte ein wenig zu viel von dem schweren Steinwein genippt und wiederholte nun, halb singend, im Übermut: „Ein Flötchen war's! Ein Flötchen! Ein kleines goldenes Flötchen —"

Der Junker Emmerich fragte lachend: „Woher wissen Sie denn das?"

Babette warf dem Kanzler Lerch, der mürrisch in sein volles Glas stierte, einen flüchtigen Blick zu und lachte: „Woher ich das weiß? O, vielleicht bin ich auch schon bei einem Hexentänzchen gewesen —"

Der Stadtschreiber Lerch runzelte die Stirn und sah mit gestrenger Miene zu der Übermütigen herüber, die indessen keinen Blick mehr für ihn übrig zu haben schien, sondern dem Junker mit lachenden Wangen zuzwinkerte. Dieser aber erhob sich und zog die Fingerspitzen Babettens an seinen Mund:

„Wenn das so ist, möchte ich die Demoiselle bitten, mit mir zu einem Hexentänzchen anzutreten."

Die andern jungen Leute standen ebenfalls vom Tische auf; denn ein Wink des Domherrn von Hutten bezeigte, daß die Tafel aufgehoben sei. Nur die älteren Festgäste waren noch nicht gesonnen, so bald schon von den trefflichen Prälatenweinen Abschied zu nehmen; sie blieben schwatzend und trinkend an der gedeckten Tafel sitzen, und auch die vier Musikanten, die in den Pausen dem Wein kräftig zusprachen, blieben auf ihren Stühlen hocken und bliesen von Zeit zu Zeit ihre alten Weisen weiter. Die Mädchen aber flogen auf verschiedensten Wegen auseinander, und bald tauchte da und dort ein helles Gewand unter den alten Buchen des Waldhangs auf, den nah und fern helles Gelächter mit seinem Hall erfüllte. Der junge Herr von Collenberg trat einen Augenblick zu dem Domherrn von Hutten, um ihm für das schöne Fest zu danken, das er einem glücklichen Reisezufall verdankte. Als er sich aber umwandte, um nach seiner Nachbarin zu spähen, war Babette verschwunden, und er wußte nicht, welchen Weg er einschlagen sollte, um sie zu erreichen, da der ganze grüne Maienwald von Sang und Lachen widerhallte.

Babette aber war, von einem plötzlichen Ernst erfaßt, auf einem kleinen Wiesenpfade, neben dem ein silberklares Forellenbächlein auf grünem Kressengrund herlief, taleinwärts gegangen. Es bedrückte sie, daß Friedrich Lerch, für den sie doch im Grunde dieses ganze Lustspiel an der Tafel aufgeführt, ihr während des ganzen Festes keinen lieben Blick gegönnt hatte, und ein leiser Groll gegen den Stillen quoll mählich in ihr empor, während sie bald langsam, bald schneller für sich dahinging und hie und da eine Kuckucksblume oder ein Maiglöckchen aus dem Untergebüsch des Waldhangs herausholte. Als sie nach einer Weile langsamen Gehens unwillig umkehren wollte, stand plötzlich Kaspar Lienlein vor ihr; der Rothaarige atmete hastig, während er stotternd und mit flehendem Blicke fragte: „Darf ich der Jungfer Babette Geleit geben?"

Babette entgegnete schnippisch: „Der Weg ist für alle da!" Und sie schlug eine schnellere Gangart an, wobei sie unverwandt auf das schwatzende Wässerlein zur Rechten blickte, in dem die Forellen sprangen.

Da wurde die Stimme Kaspar Lienleins weich und stockend: „Ich — ich würde die Jungfer auf den Händen tragen."

Babette blieb stumm und blickte den Sohn des Bürgermeisters von der Seite an; sie sah nur die Häßlichkeit des Menschen, der mit glühendem Gesicht neben ihr atmete, und es empörte sie, daß er es wagte, von Liebe zu sprechen, während ihr der andere, dessen ernste Augen nun wie ein Vorwurf vor ihrer Seele standen, fernblieb. „Dich nehm ich nicht," schrie sie mit zornfunkelnden Augen, „und wenn du der Kaiser wärst, du roter Fuchs, mit deinen Roßmucken [Sommersprossen] auf der Hand."

Und ohne eine Antwort abzuwarten, lief sie wie ein Windspiel davon, um zu der Gesellschaft ihrer Freundinnen zurückzukehren, deren ferner Gesang aus den dunkelnden Tiefen des Buchenwaldes sehnsüchtig und gedämpft zu ihr herüberklang.

Der Abgewiesene blieb wie angewurzelt an der Stelle stehen, wo ihm Babette seine Rothaarigkeit vorgeworfen hatte; seine Lippen bewegten sich mechanisch. „Wart, wart," sagte er ein über das andere Mal, während ein paar Mädchen, lachend und schäkernd, an dem Erstarrten vorbeihuschten und ihn im Vorbeigehen mit frisch gepflückten Distelschossen bewarfen: denn Kaspar Lienlein galt als halber Tölpel, vor dessen tückischer Gemütsart sich indessen die halbe Stadt fürchtete.

Babette aber lief, ehe sie an den Festplatz gelangte, wo Friedrich Lerch mit seinem verschlossenen Amtsgesicht in der Gesellschaft der würdigsten Ehrengäste auf und ab wandelte, dem alten Ratsherrn und Spitalpfleger Christopher Kemmeter in die Arme. Der lange dürre Kauz stellte sich breitbeinig über den Weg, als Babette mit glühendem Gesichtchen daherstürmte, und spitzte seinen faltigen Mund, als wolle er sie mit einem Kusse aufspießen. Sie mußte lachen, als sie den Alten gewahrte, der nun sein linkes Aug zusammenkniff und mit seinem rechten Daumen über die Achsel nach dem Festplatz deutete. Der Spitalpfleger war ihr, wie der ganzen Gegend, von Jugend her wegen seiner Absonderlichkeiten bekannt: er trug an Werkeltagen niemals eine andere Tracht als das Gewand eines fränkischen Weinbauern, gelbe hirschlederne Hosen, grobe Schnallenschuhe, einen langen Tuchrock mit breiten Silberknöpfen und einen abgeschabten Dreispitz, auf den er, wenn es nur ging, eine Blume, eine Nelke, eine Rose oder eine Kornrade, zu stecken pflegte. Auf der Straße schritt er stets mit gesenktem Kopf und vor sich hinmurmelnd einher, wobei er von Zeit zu Zeit mit seinem Krückstock nach rechts und links ausschlug, als wolle er die Beine seiner Feinde und Widersacher absäbeln. Er besaß die besten Weinberge der Stadt und trieb einen schwunghaften Handel mit Südweinen aus Zypern und Spanien, die er durch einen Mainzer Hofjuden in Venedig oder Genua einkaufen ließ. Im Herbste, wenn die Lesewagen mit den schweren Kufen in die Keltern fuhren, wich er nicht von der Seite seiner Winzer, die Tag für Tag eine ausgesuchte Nahrung und einen guten Trank aus seinem Keller erhielten, damit sie beim Lesen weniger Trauben schmausten. In der Stadt und im Rat besaß er wenig Freunde: er galt als reich und filzig, und seine Feinde behaupteten, alle Dinge, in die der ehemalige Armenadvokat die Hand stecke, verfilzten sich zu einem unauflösbaren Knäuel, von dem man am besten die Hände lasse. Babette wußte, daß ihm Friedrich Lerch seine Ernennung zum Ratsschreiber verdankte: Christoph

Kemmeter gehörte zwar der Augsburger Konfession an; aber er war seit Jahren mit dem protestantischen Stadtpfarrer und Propst Veit Schlegelmilch verfeindet und tat, was er nur konnte, um seine Glaubensgenossen und deren Seelenhirten bei jeder Gelegenheit zu ärgern. So hatte er es auch durchgesetzt, daß der katholische Friedrich Lerch, dessen Vater dem Fürsten von Weiningen als Kammerdirektor gedient hatte, gegen jedes Herkommen zum Kanzler gewählt wurde. —

Als er bemerkte, daß Babettens Blicke über ihn weg nach dem Festplatz flogen, fragte er: „Hat die Jungfer Babett gesehen, wie die Forellen springen? Weiß Sie, was das bedeutet? Entweder kommt ein Wetter, oder es ist ein Hecht unter die Fische geraten. Junge Hechte sind gefräßig und haben viel Gräten!"

Babette wußte nicht, was sie zu dieser Feststellung sagen solle. Da beschloß sie, den Stier bei den Hörnern zu packen, indem sie plötzlich fragte: „Werden sie den neuen Stadtschreiber bestätigen?"

Der Ratsherr lachte: „Wenn die Jungfer mir ein Küßchen gibt, will ich ihr den Beschluß des Geheimen Rats wortwörtlich sagen."

„Das Küßchen erhält der Herr nach meiner Hochzeit," sagte Babette lachend.

Der Spitalpfleger verzog den Mund: „Das ist, wie hier die Hasen laufen, ein unsicherer Wechsel. Aber ich will Ihr glauben und mich zufriedengeben."

Er kannte Babette seit ihrer frühesten Kindheit, und schon an dem Kinde war ihm, wenn er nach Weiningen kam, um dem regierenden Fürsten seine Aufwartung zu machen und seine Freunde unter den fürstlichen Beamten zu besuchen, die bezaubernde Anmut, aber auch eine seltsame Eigenwilligkeit und spielerische Gemütsart des kleinen Mädchens aufgefallen.

Als er eines Tages die Gewächshäuser in Weiningen durchschritt, um bei dem fürstlichen Hofgärtner Tulpenzwiebeln für seinen Blumengarten zu bestellen, gewahrte er die kleine Babette, die heftig auf den jüngsten Sohn des Kammerdirektors, den kleinen Friedrich Lerch, einsprach: das kleine Frauenzimmerchen, das in seiner Puppenhaftigkeit doch schon etwas Frauliches in seinem Wesen hatte, deutete auf eine Orange, die im Gezweig eines Topfbaumes hing, und verlangte, daß der Knabe sie vom Aste breche. Dieser starrte wie gebannt auf die goldene Frucht, ohne die Hand zu rühren, und sagte nur leise: „Das darf man nicht." Da bemerkte der Zuschauer, daß die Kleine über diese Weigerung in die hellste Wut geriet; sie stampfte mit den Füßen, sie schlug den Spielgenossen mit den Blumen, die sie im Händchen trug, und sprang wie eine Wilde an dem Stamm empor, ohne die Frucht zu erreichen. Selbst die belehrende Verweisung, die der herzutretende Zuschauer der kleinen Wilden zuteil werden ließ, vermochte ihren Groll nicht zu stillen: sie blieb mit zusammengekniffenem Gesichtchen stehen und lief plötzlich wie ein Wiesel davon, um ihrer Beschämung zu entgehen. Später, auf dem Heimweg von der Gärtnerei, bekam der Ratsherr die beiden Kinder noch einmal zu Gesicht: Friedrich zog ein Wägelchen, in dem die kleine Babette, mit einem Kränzlein in dem Blondhaar, saß und wie eine kleine Göttin um sich blickte, die in einem Triumphwagen einherfährt. Im Schimmer dieser Erinnerungen erhob der alte Kemmeter den Finger, um Babetten zu drohen, und dann geleitete er sie zur Tafel, wo die älteren Herren noch immer beim Weine saßen und den Worten des Domherrn von Hutten lauschten. Dieser ließ den Schloßbau mit seinen Hallen, Gärten, Tempelchen, Bosketts und Springbrunnen vor den Augen der weinseligen Zuhörer erstehen und verfehlte nicht, die Vorteile, die der Gegend aus der Bautätigkeit des Kirchenfürsten und der Anwesenheit des durchlauchtigen jungen Fürsten Franz Lothar erwachsen würden, ins hellste Licht zu stellen. Als besonderen Spaß tischte er die Neuigkeit auf, daß der Fürstbischof Adam Friedrich beschlossen habe, seinen seligen Hofnarren in Stein aushauen und das Standbild über dem Zufahrtstore aufstellen zu lassen. Die Frankenthaler zwinkerten und nickten beifällig mit den Köpfen: solche Späße gehörten in das Reich der eigenen Lustbarkeiten, von deren Schwankhaftigkeit Geschlecht um Geschlecht zehrte. Dazwischen aber überlegte der eine und der andere, wie man die Anwesenheit des italienischen Baumeisters, der wie ein Aal unter den Festgästen umherschlüpfte, zu eigenem Nutz und Fromm verwenden könnte. Der eine besaß einen geräumigen Ziergarten, in dem sich ein kleines Lusthaus mit breiten Fenstern und Muschelnischen gut ausnehmen würde; ein anderer wohnte in einem Hause, dessen Vorderseite der Erneuerung bedurfte, und jener träumte im Schweifen des Gesprächs von einer gelb lackierten Kutsche, wie sie mit Bereitern und Läufern die Welt auf glatten Herrenstraßen durchsausten. So blickten sie im Bann des schweren Weins in eine neue Zeit, deren Grundstein dort unter Rosen versteckt in der Erde ruhte und der wachsenden Mauern harrte. —

Der Ratsherr Kemmeter nahm am Tische Platz und hob seine Hand ans Ohr, um nur ja kein Wort der kostbaren Rede zu verlieren. Auch Babette blieb einen Augenblick lauschend stehen; als sie aber bemerkte, daß der ehrfurchtsvoll lauschende Friedrich Lerch mit seiner würdigen Amtsmiene noch immer ihren Blicken auswich, rümpfte sie das Näschen und ging auf den Junker Collenberg zu, der sie mit einer französischen Verbeugung begrüßte und ihr die Hand zu einem Tanze auf dem Rasen vor dem Zelte bot. Und da die Bläser einen deutschen Tanz anstimmten, flog sie im Nu mit dem Junker im Tanz dahin. Sie schloß die Augen, um im Arm ihres Tänzers nur die Raserei des Schwebens zu empfinden, und als die Bläser absetzten, huschte sie auf die Musikanten zu und bat sie mit fliegenden Worten um die Wiederholung des Tanzes. Sie merkte nicht, daß ihre Gespielinnen, hämisch flüsternd und tuschelnd, die Köpfe zusammensteckten; sie sah auch nicht, daß Kaspar Lienlein neben seiner Mutter unter der Zeltöffnung stand und jede Bewegung der Tanzenden mit gierigem Blick verschlang. Sie verlor ihren rechten Schuh und tanzte im weißen Strumpfe auf dem Rasen weiter; sie spürte es nicht, daß sich ihr Busentuch löste und wie ein geblähtes Segel zu den Füßen gestrenger Mütter hinfiel; sie fühlte im rasenden Drehen und Schweben nur das eine: daß eine seltsame Traurigkeit in ihr aufquoll, durch die ein bitterer Groll wie ein Wässerlein unter Steinen in ihr emporsickerte. Und als ihr Tänzer sie ins Zelt zurückbegleitete, blieb sie mit gesenkten Augen vor der Tafel stehen, wo die Herren noch immer beim Weine saßen und würdige Gespräche pflogen. Sie atmete erst auf, als dumpfes Grollen ein nahendes Gewitter verkündete und die ganze Gesellschaft in das Zelt zusammenscheuchte. Da die Festkutschen erst gegen Abend aus der Stadt erwartet wurden, mußten die Gäste vor dem Unwetter in einem nahen Bauernhause Schutz suchen, und die Mädchen kamen erst zu Beginn der Dämmerung wie durchnäßte Mäuse vor dem Tore an, wo sie kichernd und lachend auseinanderhuschten. Der Junker Emmerich bekam Babette nicht mehr zu Gesicht; er nahm feierlichen Abschied von dem Domherrn von Hutten und gab seinem Kutscher Befehl, mit dem Reisewagen in einer Stunde vorzufahren.

Als Babette das alte Haus am Lochgraben, in dem sie mit ihrer Tante Lioba Hippler, der Witwe des städtischen Kellers [Rentmeisters] wohnte, in der Dämmerung betrat, fand sie die alte Frau in heller Aufregung. Die Lioba Hippler war seit zehn Jahren auf beiden Augen blind und pflegte ihre ganze Zeit mit Spinnen zu verbringen. Sie saß dabei mit ihrem mächtigen Spinnrad auf einem erhöhten Fenstersitz, von wo aus sie alle Geräusche des stillen Stadtwinkels hören konnte. Jeder Ton, den sie vernahm, ging wie ein Licht oder ein Zucken über das friedliche Gesicht der alten Frau, die jeden Nachbarn an seinem Schritt erkannte. Heute aber fand Babette ihre Tante in seltsamer Unruhe: „Gott sei Dank, daß du nur da bist," sagte die Alte, die ihr bis an die Tür entgegenkam und dann sofort auf ihren Fenstersitz zuging, um das geliebte Spinnrad wieder in Bewegung zu setzen. „Ich hab mit einem Male eine solche Angst gefühlt, wie wenn dir was passiert wär."

Babette strich ihr zärtlich über die Backen und erzählte mit ruhigen Worten von dem herrlichen Feste, ohne des Junkers von Collenberg mit einem Worte zu erwähnen; dann huschte sie, leicht wie ein Hauch, die Bodentreppe hinauf in ihr Gemach, um ein anderes Kleid anzuziehen. Sie blieb ein Weilchen im bloßen Hemd vor ihrem Spiegel stehen, legte ein feines Kettlein, an dem ein Herzchen mit Haaren von ihrer verstorbenen Mutter hing, um den Hals, probierte eine Stutzhaube, deren breite Atlasbänder bis an ihre Kniee niederwallten, und zog aus dem schadhaften Haubenboden einen vergoldeten Draht heraus, den sie mit versonnenem Lächeln um ihren linken Zeigefinger wickelte. Dann warf sie einen Blick in den gefüllten Schrank, in dem das duftige Linnenzeug ihrer Ausstattung gehäuft beisammenlag, und fuhr mit zärtlichen Fingern über die blühweißen Tücher, die alle von ihrer Mutter stammten. Während sie dann in dem schmalen Giebelgelasse wieder vor dem Spiegel saß, zuckte es wieder wie ein feines Possenspiel um ihr schmollendes Mündchen: sie probierte die Miene, mit der sie Friedrich Lerch am Abend, wenn er käme, zu empfangen gedachte, und das Armesünderbewußtsein, das sich, fast gegen ihren Willen, für einen Augenblick auf ihre Züge legte, erfüllte sie jählings mit solchem Übermut, daß sie hell auflachte und voll seliger Unrast aufstand, um in dem schmalen Gemach, wo ihre ganze mütterliche Habe in Schränken und Kommoden verwahrt lag, in halbem Tanzschritt auf und ab zu schreiten. Sie zweifelte keinen Augenblick, daß der neue Stadtschreiber auch heute, wie gewöhnlich gegen acht Uhr, kommen werde, um ein Stündchen bei ihr und ihrer blinden Tante zu versitzen; sie hielt schon ihre schönsten Blicke für ihn bereit und nahm sich vor, ihn auch noch dahin zu bringen, daß er sie um Verzeihung für sein mürrisches Wesen bat, das doch allein schuld an ihrem Spiel mit dem lustigen Junker war. Während eine geheime Zärtlichkeit ihr Aug mit sehnsüchtigem Leuchten füllte, beschloß sie, ihn auch noch ein Weilchen mit allerlei Anspielungen auf den vornehmen Courmacher zu quälen, und ihm dann, zum Seelentrost, ein Schälchen voll eingemachter Kirschen vorzusetzen, die der Schlecker gerne aß, und ihm ihr eigenes Kinderlöffelchen dazu zu geben. Als jedoch plötzlich über die abendlichen Dächer her das Horn eines Postillions aufklang, der das alte Lied blies:

Komm heraus, komm heraus, du schöne, schöne Braut,

Deine guten Tage sind alle, alle aus,

O weiele weh!

da schnitt Babette eine Fratze und lief, die Melodie vor sich hinsingend, im schönsten Sommerstaat zu ihrer Tante herab, die noch immer vor ihrem Spinnrad saß. Es war ihr, als sie das dunkle Gemach betrat, so wohlig zumute wie seit langem nicht, obwohl eine leise Sehnsucht ihr Herz mit seltsamer Unruh erfüllte. Die Blinde fuhr ihr, nach ihrer Gewohnheit, zum Gruß über das rosige Gesichtchen, und als ihre Hände nichts Besonderes fanden, netzte sie den Finger an ihrem welken Munde, um schweigend weiterzuspinnen. Das leise Schnurren des Rades erfüllte den Raum mit einem Laut, der Babettes Gedanken, die mit der sinkenden Dämmerung immer ernster wurden, wie eine leise Musik begleitete und ihre Erwartung immer sehnsüchtiger stimmte. So saß sie, mäuschenstill und auf nahende Schritte lauschend, auf einem niederen Stühlchen da; und nur einmal schlich sie auf den Zehenspitzen an das Fenster, um auf die Gasse zu spähen, aus deren Dunkel ein leises Mädchenlachen zu ihr emporklang. Als jedoch der Abend weiter vorrückte und Friedrich Lerch noch immer nicht kam, riß sie in jäh aufwallender Wut ihr Batisttüchlein von den Schultern und nahm sich vor, dem Unverschämten das nächste Mal, und wenn er auch als reuiger Sünder käme, überhaupt keinen Blick zu gönnen. —

Doch Friedrich Lerch ließ sich weder an diesem noch an den folgenden Tagen in dem alten Hause am Lochgraben sehen, und es war nicht Groll, was ihn von der Geliebten fernhielt, sondern ein kummervolles Gefühl der Scham, weil jene gegen das Bild gefrevelt hatte, das er von ihr in seiner Seele trug. —

Babette aber verlor mit einem Male die Lust am Singen, und in Frankenthal trugen sich, von heute auf morgen, ganz seltsame Dinge zu: am Montag streckte die beste Milchkuh des Büchsenmachers Kaspar Bundschuh plötzlich alle viere von sich, und die Augen, mit denen die Verreckte vor sich hinstarrte, zeigten jedem, der etwas von der Sache verstand, klipp und klar, daß sie den leibhaftigen Bösen vorher gesehen hatten; am Dienstag weigerten sich die Geißen des lutherischen Totengräbers Johannes Felgentreff, Milch zu geben, und weder gütliches Zureden, noch das beste Grünfutter vermochte die meckernde Gesellschaft von ihrer höllischen Halsstarrigkeit abzubringen; in der Nacht von Mittwoch auf den Donnerstag entstand in dem Hühnerstall des Brückenbecken Wiedehopf ein solcher Aufruhr, daß die ganze Nachbarschaft aus dem Schlafe aufgeschreckt wurde, und als die Beckin am Morgen das aufgeregt gackernde Hühnervolk aus dem Stalle ließ, fand sie, daß die gelegten Eier samt und sonders hohl waren.

Am meisten Anlaß zu Gerede bot das Verhalten des Bürgermeistersohnes Kaspar Lienlein: der saß wie von einem bösen Geist besessen stumm und stöckisch in einem Winkel seines Zimmers, und wenn seine Mutter mit seinen Lieblingsspeisen kam, um ihn zu trösten, sah er sie mit bösen Augen an oder fletschte seine Zähne wie ein Hund, dem man seinen Mittagsfraß stört. Dazu brachte jeder Tag, trotzdem der Mai noch nicht zu Ende war, ein Unwetter nach dem andern, und alte und junge Weiber schwelgten in dem Geraun und Gerede, daß solche Kieselwetter teuflisch Hexenwerk seien. In ganz Kleinfranken, in Gerolzhofen, in Prozelten, in Freudenberg und anderen Orten waren die Teufelsweiber am Werke, und im niederen Volke zweifelte bald niemand, daß auch Frankenthal eine Hexe beherbergte. Bald wurde auch der Name der Hexe, der Stadt und Gegend die alltäglichen Kieselwetter verdankte, heimlich genannt, und die Brückenbeckin erzählte jedem, der es hören wollte, daß sie selbst in der Nacht vor dem ersten Mai ein faselnacktes Hexlein um den Türmersturm habe fliegen sehen: es sei ganz zusammengekauert auf einem langen Besenstiel gehockt, und sein loses Haar sei wie ein feuriger Schweif hinter ihm dreingeflogen, als es mit ein paar feueräugigen Eulen hinter dem Stadtwald, dem Stöckicht, verschwand. Aber die schlimmste Verhexung war doch, wie alle munkelten, dem Sohn des

Bürgermeisters Lienlein, dem roten Kaspar, passiert, der wie zerschlagen in der Stadt herumging und jeden mit Augen anschaute, aus denen der leibhaftige Teufel in die Welt guckte. —

Nach acht Tagen waren alle Hexengläubigen darüber einig, daß die Stadt in der Babette Glock ein ausbündiges Hexlein bekommen habe, und schon fingen die kleinen Buben an, „Hexle, hex" hinter ihr herzuschreien, wenn sie mit ihrem Körbchen am Arm durch die Gassen ging, um eine Freundin zu besuchen oder Gewürz beim Krämer einzukaufen.

An einem heißen Juniabend, am Tage vor Fronleichnam, ließ sich endlich auch der Kanzler Friedrich Lerch bei der blinden Hipplerin sehen. Babette, die gerade an einem Kuchenteig knetete, gönnte ihm keinen Blick, als er eintrat und sich, nach einem scheuen Gruße, zu der Blinden setzte. Diese streichelte ihm das Gesicht und verlangte zu wissen, warum er so lange weggeblieben sei. Der Stadtschreiber entschuldigte sein Fernbleiben mit Arbeit und der Sorge um seine Stellung; denn seine Bestätigung war noch immer nicht erfolgt, und noch immer sah er sich einer ungewissen Zukunft gegenüber. Als Babette einen Augenblick hinausging, um den Teig an einen warmen Ort zu stellen, folgte ihr Friedrich Lerch auf den Flur, wo er stehen blieb, bis sie aus der Küche zurückkam.

„Der Herr Stadtschreiber will schon gehen?" sagte sie schnippisch, während sie ihre Hand an ihrer weißen Schürze abwischte.

„Die Jungfer Babett hat Verwandte in Aschaffenburg," entgegnete er, indem er scheu auf die Seite blickte. „Ich würde Ihr raten, eine Sommerreise dahin zu machen."

Diese feierliche Haltung und der Umstand, daß er sie nicht mehr duzte, erbitterte Babette aufs heftigste; sie höhnte: „Wenn ich das tät, bekäme ich den Herrn Stadtschreiber nicht mehr zu sehen, und das bräch mir das Herz." Sie funkelte ihn dabei mit zornigen Augen an; er aber überlegte, ob er das wilde Wesen seinem Schicksal überlassen solle oder nicht, und sagte dann: „Es gibt in der Stadt alte Weiber, die an Hexen glauben."

Sie lachte höhnisch: „So sag Er doch gleich, daß ich eine Hex bin! Hat Er nicht gehört, daß ich erst vorgestern auf der Galgenweide beim Hexentanz gewesen bin? Und weiß Er auch, daß der Grüne, der ein Flötchen, nein, ein Hörnchen — ein Hörnchen geblasen hat, Ihm ähnlich sieht? Ja — ja —."

Friedrich Lerchs Gemüt wurde weich: „Jungfer Babett," sagte er leise, „man soll mit dem Unglück nicht spaßen."

Dieses gedrückte Wesen brachte Babette noch mehr auf; sie lachte: „Wenn ich nur wüßt, wo eine Hexenschul wär, ging ich noch heut hinein. Kann Er mir keinen Rat geben? Er ist doch in der Welt 'rumgekommen —"

Da ging Friedrich Lerch, den dieses Wesen in der Seele quälte, ohne ein Wort weiterer Entgegnung die hölzerne Treppe hinunter: er gedachte, eine günstigere Stunde abzuwarten, um Babette zu warnen und zu einer Reise zu bewegen. Babette blieb jäh verstummend an der Treppe stehen: sie wußte nicht, was sie von dieser Flucht halten sollte, und dachte einen Augenblick daran, den Jugendgespielen zurückzurufen; aber sie brachte es nicht über sich, ein Wort zu sagen, und der Stadtschreiber hörte beim Beschreiten der Haustürschwelle nur ein gelles Lachen, das ihn auf seinem Gang durch die Stadt verfolgte. —

Am nächsten Morgen aber, in aller Frühe, kamen zwei Stadtknechte, um die Barbara Glock, die noch im Schlummer lag und just von ihrer eigenen Hochzeit träumte, aus dem Bett zu holen und in Gewahrsam zu nehmen. Sie schrie und heulte und stampfte mit dem Fuße, als die Knechte mit dem Befehl des Rates in ihr Stübchen drangen und sie aus dem Bette zerrten; allein kein Weinen und kein Bitten half, und auch die blinde Hipplerin, über deren runzelige Backen die dicksten Tränen herabliefen, versuchte vergeblich, ihre Nichte loszubitten. Die Gefangene wurde mit gebundenen Händen in den Hexenturm gebracht, wo sie der städtische Stockmeister sofort mit einer langen Eisenkette an einen Mauerring anschloß. Sie konnte sich in kleinem Umkreis umherbewegen und sich am Tisch, der nicht weit von der tiefen Fensternische in einer dunklen Ecke stand, auf einen Stuhl setzen. Sonst geschah ihr vorerst nichts; denn die Frankenthaler pflegten ihre Hexen, zum Unterschied von anderen Städten, gut zu behandeln, solange sie noch nicht des Vergehens der Hexerei geständig oder überführt waren.

Da saß nun die lachende Babette und hatte Zeit, über ihr Schicksal nachzudenken. Sie ahnte, von welcher Seite der Schlag kam, der sie aus heiterem Himmel traf; aber sie war empörter gegen den Stadtschreiber als gegen den rothaarigen Sohn des Bürgermeisters, dem sie es doch verdankte, daß sie gefesselt und gefangen im Hexenturme saß. Wenn sie des Gefühls gedachte, das jener verschmäht hatte, stürzten ihr Tränen der Wut in die Augen, und jedesmal, wenn sie sich eines lieben Augenblicks in seiner Gesellschaft erinnerte, stampfte sie mit dem Fuße und warf einen Blick nach der Türe, als ob er jeden Augenblick hereintreten müßte, um seine Strafe in Empfang zu nehmen. Aber es kam niemand, und der lange Tag erschien ihr wie eine öde Ewigkeit. Erst gegen Abend, als es schon dämmerte, trat der Stockmeister, ein klapperdürres Hutzelmännchen mit schielenden Triefaugen, ein und setzte ein gebranntes Mehlsüpplein als Hexenfutter auf den wurmstichigen Holztisch. Er zwinckerte vergnügt vor sich hin, als er Babette mit einer Handbewegung einlud, das Schüsselchen auszulöffeln; denn in seiner Erinnerung glänzte noch das letzte Hexenmahl, das der Rat, altem Brauch zufolge, den Stadtknechten und dem Türmer nach der Verbrennung zu geben verpflichtet war, als herrlichstes der Frankenthaler

Feste her: es hatte einundzwanzig Gulden gekostet, und der Stockmeister schnalzte im Gedanken an die Leckerbissen, die damals aufgefahren wurden, noch jetzt mit der Zunge. Babette floh in die tiefe Fensternische zurück und starrte mit wütenden Augen auf den verhutzelten Hexentürmer, der nah und näher an sie herantrat. Hundertmal war sie früher an dem Hexenturm vorbeigegangen und hatte den Stockmeister gesehen, wie er mit seiner Frau, einer kahlköpfigen Alten, zankend und keifend auf einem hölzernen Bänklein vor der Turmtür saß; nun erfüllte sie der Blick des schielenden Alten mit Wut und Abscheu; sie stampfte mit dem Fuße und schrie: „Geh, geh, du Aff!"

Doch der Türmer blieb vor der Nische stehen und zwinkerte sie liebäugelnd an: „Wo hast denn das Hexen gelernt, Mädle?" fragte er mit meckernder Stimme; „hätt net gedacht, daß ich auf meine alten Täg noch mal erleb, daß man eine Hex fängt. Die Hexen werden immer rarer. Am Himmelfahrtstag sind's fünfunddreißig Jahr her, seit wir die letzte auf dem Marktplatz verbrannt haben. Wenn ich dir einen Rat geben därf, so gesteh nur gleich. Was sein muß, muß sein. Hihi, wir Frankenthaler haben noch keine Hex verbrannt, ohne daß sie gestanden hätt. Verbietet auch die hochnotpeinliche Gerichtsordnung, daß eine Hex ans Feuerlein kommt, ehe sie alles bis auf das Tipfele gestanden hat, hehe. Ich weiß, — ich bin net dumm, — ich weiß, du denkst: die können lang warten, bis ich sag, was ich weiß. Aber da legen sie dir die Daumenschrauben an: die pressen dir die Knöchle, daß du alle Engel im Himmel singen hörst. Dann wirst du in die spanischen Stiefel geschnürt. Wenn ich dich aus der Stube lassen dürft, könnt ich dir das gekerbte Brettle zeigen, das sich beim Zuschrauben ans Schienbein legt. Und wenn du dann noch nicht sagst, wann du's letztemal mit dem Junker Federkiel getanzt hast, kommst du auf die Leiter, die ist ärger wie's Fegfeuer. Du wirst mit Winden in die Höh gezogen, und an die Füß hängt man dir ein volles Essigfäßle. — Ich hab in meiner Jugend baumstarke Männer gesehen, wo von der Leiter runterkommen sind und gestöhnt haben: Wir wöllen lieber zehnmal sterben als einmal die Leiter besteigen! Und wenn du von der Leiter 'runterkommst und immer noch dein Hexengöschle hältst, bekommst du den gespickten Hasen zu schmecken. —"

Babette hörte nicht mehr, was der Türmer sprach; sie hielt sich die Ohren zu und blickte durch das verstaubte Gitterfensterchen auf den Stadtwall, wo in der sinkenden Dämmerung ein paar Dutzend Gassenbuben standen und warteten, ob das eingetürmte Hexlein vielleicht geneigt sei, seine Künste zu zeigen und einen Ausflug zu wagen. Die schadenfrohe Lustigkeit der Stadtjugend erschien ihr erträglicher als die Folteraugen des Alten, der nun mit einem Mal zu jammern begann: „Ja, ja, die Zeiten werden immer schlechter, und die Taxordnung is kein Hellerle wert. Weißt, Mädle, was ich fürs Ohrabschneiden bekomm? Zwei Schilling und sechs Pfennig. Und für jeden Brand zwei Schilling zwölf Pfennig. Fürs Auspeitschen gibt mir der Rat nur den Gotteslohn, und wenn ich nicht am Salben was verdienen tät, könnt ich kein Schöpple Gützberger trinken —"

Nun aber fuhr Babette mit solchen Augen auf das Männlein los, daß dieses den Rückzug antrat und vor sich hinmeckernd die schmale Gefängnistür mit den mächtigen Riegeln verschloß. Sie lehnte ihre Wange an die verstaubten Scheiben und ließ ihre Tränen stillschweigend auf ihre Hände herunterfallen, die gekreuzt in ihrem Schoße lagen. So blieb sie die ganze Nacht hindurch sitzen, als ob alles, alles Leben aus ihr geflohen wäre, und erst am Morgen warf sie sich auf den hölzernen Schragen, der anstatt eines Bettes in einem Winkel des Turmgemaches stand.

Obwohl sich die Frankenthaler sonst zu allem Zeit und Ruhe ließen, schien es dem hochmögenden Rate doch geboten, das Verhör der Barbara Glock schon am nächsten Morgen zu beginnen. In aller Herrgottsfrühe durchschritt ein Ratsknecht mit der Schelle die Straßen, um den Einwohnern die hochnotpeinliche Vernehmung anzukündigen, indem er mit lauter Stimme zu den Fenstern der Gerichtsherren hinaufsang:

„Höret, ihr Ratsherrn, jung und alten,

Heut früh wird Halsgericht gehalten

Über eine gefangene Person,

Die große Übeltat geton!

Zu solchem Rechtstag sollt ihr kommen,

Gemeinem Wesen zu Nutz und Frommen."

Als der Spitalpfleger Christopher Kemmeter die Ratsschelle hörte, befahl er seiner Schwester Margret, die ihm den Haushalt führte, ein starkes Weinsüpplein zu kochen und, zu besonderer Süßung, gehörig Zimt und Zucker hineinzutun. Dann zog er seinen Bürgerrock an, stopfte sich eine holländische Kreidepfeife und nahm ein altes Buch zur Hand, in dem die besonderen Rechtsfälle der Stadt seit dem Jahre 1594 verzeichnet standen. Nicht ohne Seufzen öffnete er das dickleibige Werk: er wußte, was er von der Frankenthaler Festfreude erwarten durfte, wenn die Leidenschaft des Volkes erregt war, und hegte keinen Zweifel, daß dieser Streich gegen das hübsche Babettle von den Anhängern des Bürgermeisters Lienlein ausging, den er nicht riechen konnte; denn der Gestrenge trug die Schuld, daß er mit seiner Schwester als Junggeselle hausen mußte, weil er ihm, als er auf Freiersfüßen ging, sein Schätzlein, die ehrsame Jungfer Katharina Ziegenspeck, vor der Nase wegstibitzt hatte. Von diesem Erlebnis war ihm nicht nur ein alter Groll gegen den regierenden Herrn, sondern auch eine

Geringschätzung der Weiber geblieben, denen er lange Haare und kurze Gedanken nachsagte, obwohl er seiner leiblichen Schwester einen scharfen Verstand zubilligen mußte: von der Jungfer Margret Kemmeter hieß es in der Stadt, sie sei mit Haaren auf den Zähnen auf die Welt gekommen und schlafe wie ein Drache auf dem Strumpf, in dem sie ihre Reichstaler verwahre. Als die Schwester des Ratsherrn mit dem dampfenden Weinsüpplein in das Zimmer trat, sah sie, daß die Runzeln in dem Gesicht ihres Bruders seltsam zuckten: sie kannte dieses Schelmengesicht, auf dem das Lachen nicht zum Ausbruch kam, und gab dem vergnügten Kracher einen Rippenstoß, den er mit einem meckernden Gelächter beantwortete; aber er war nicht zu bewegen, das Geheimnis, das ihn in heimliches Behagen versetzte, preiszugeben, und als er sein süßes Süppchen ausgelöffelt hatte, nahm er sofort Hut und Stock, um, wie er sagte, auf die Ratsstube zu gehen und da vor der Hexengerichtssitzung noch einen Herrenschoppen zu stechen und für die Kehlenklärung des hochweisen Gerichtskollegiums zu sorgen. Er machte aber, da es noch zeitig am Tage war und er nicht tief in die Kanne zu steigen gedachte, einen Umweg durch die Talgärten, wo er dem staatsmäßig in schwarzen Strümpfen und mit dem Dreispitz unterm Arm einherwandelnden Stadtschreiber Lerch begegnete.

„Er sucht sich wohl ein Taubenhaus aus, wo Er nach der Hochzeit mit Seiner Lalage schnäbeln kann?“ fragte er den Trübseligen, und fügte dann hinzu:

„Es geht doch, sagt mir, was ihr wollt,

Nichts über Wald- und Gartenleben,

Und schlürfen ein dein trinkbar Gold,

O Morgensonn’, und sorglos schweben

Daher im frischen Blumenduft

Und mit dem sanften Weben

Der freien Luft,

Als wie aus tausend offnen Sinnen

Dich in sich ziehn, Natur, und ganz in dir zerrinnen.“

„Es ist schrecklich,“ entgegnete der Stadtschreiber.

„Meint Er das alamodische Carmen?“ entgegnete der Alte, den das gedrückte Wesen seines Schützlings reizte. Und plötzlich fuhr er auf: „Seh Er sich nach einem andern Schätzchen um. Was hat Er an dem kecken Ding? Ein hübsches Lärvchen und ein Spatzenseelchen, weiter nichts.“

„Sie werden sie verbrennen,“ seufzte Friedrich Lerch wieder.

„Hat Er's aus hochmögendem Mund gehört, oder hat Er's aus den Akten herausgefischt, daß die Frankenthaler noch jede Hexe verbrannt haben? Er ist ein gewissenhafter Mensch; deswegen sollte Er auch wissen, daß es noch viele andere hübsche Frauenzimmer in der Welt gibt. Ob Er nun hier oder sonstwo an eine Hexe gerät, ist gleich: denn Hexen sind sie alle. Ich bin in meinem Leben mindestens zehnmal verhext worden, aber durch die Gnade unseres Herrgotts immer heil und gesund davongekommen."

Friedrich Lerch lächelte säuerlich, um seinem Gönner zu zeigen, daß er dessen Scherze verstehe und zu würdigen wisse; aber in Wirklichkeit war ihm wund und weh zumute: denn seit Babette im Hexenturm gefangen saß, quälte ihn die Frage, ob er ihr im Geist doch nicht unrecht getan habe, in einem fort, und die Erinnerung an die Stunden stummen Glücks, da er beim Surren des Spinnrades an ihrer Seite gesessen, erfüllte ihn mit quälender Sehnsucht.

Als der Ratsherr sah, daß sein Schützling zu keinem Gespräch zu bringen war, ließ er ihn unwirsch stehen, um noch einen Blick in die Ratstrinkstube zu werfen, wo die zwölf Gerichtsherren vor der Sitzung jeweils einen gehörigen Frühtrunk zu tun pflegten. Er fand die Trinkstube voll wie an höchsten Festtagen. Es saßen da würdige Männer, die mit ihrer Meinung, daß sich die Stadt mit dieser Hexengeschichte ein böses Süpplein eingebrockt und, zum mindesten, lächerlich gemacht habe, nicht hinterm Zaun hielten; aber dafür fehlte es unter den alten Hochmögenden auch nicht an solchen, die sich im Auftischen saftiger Hexenstücklein gar nicht genug tun konnten, und wer von ihnen selbst nicht behext worden war, wußte zu berichten, daß wenigstens sein Urgroßvater oder dessen Geschwisterkind die schönsten Hexen, wie es keine mehr gebe, gekannt habe.

Der Ratsherr Kemmeter hängte seinen Dreispitz an einen Nagel und stopfte umständlich seine holländische Pfeife; dann ließ er sich von dem Ratsküfer einen Becher Faßwein reichen und ging von einem der alten Stecher zum andern, und sein Becher klang beim Anstoßen so klar und regelrecht wie die kleinen Glocken der Kilianskirche. Aber jeder der Herren, mit dem er anstieß, bekam eine Bosheit zu hören, ohne daß die Kracher aus dem Häuschen gerieten: denn sie kannten die Gewohnheit des alten Spitalpflegers, allen Leuten einen Floh ins Ohr zu setzen, und die Alten lasen aus den Mienen Kemmeters einen Spaß heraus, von dem sie sicher waren, daß er zu dem bevorstehenden Hexenspektakel paßte. Die Gerichtsherren waren samt und sonders voll süßen und sauern Weins, als sie endlich auf schwankenden Ratsherrnbeinen in die große Gerichtsstube hinaufstiegen, wo der neue Kanzler Friedrich Lerch, dem auch das Amt eines Zehntschreibers oblag, mit käseweißem Gesicht schon hinter seinem Amtstische saß. Er hielt eine neugeschnittene Rabenfeder in der Hand, und auf seinen Zügen lag ein solcher Kummer, daß der alte Kemmeter auf ihn zuging und ihn derb am Ohre zupfte. —

Babette war schon vorher, nach altem Frankenthaler Rechtsbrauche, aus dem Hexenturm in eine „feine Stube" des Rathauses verbracht worden, wo der Dekan Lotter ihrer wartete, um sie durch geistlichen Zuspruch auf das Verhör in dem Hexenrichtercollegio vorzubereiten. Der geistliche Herr nahm es gelassen hin, daß sein Beichtkind alle Schuld bestritt; aber es mißstimmte ihn, daß Babette allem Zuspruch ein hartnäckiges Schweigen entgegensetzte, die Hand, mit der er ihr die Backe streicheln wollte, voller Abscheu wegschlug und sich mit gesenktem Köpfchen an die Tür stellte, wo der Stockmeister auf einem hölzernen Stühlchen hockte. Die Tränen liefen ihr noch wie helle Perlen über die Wangen, als sie, von zwei Ratsknechten geführt, in die Gerichtsstube trat, wo die zwölf Richter hinter einem langen Tische beisammen saßen. Auf Befragen des uralten Hexenrichters Götz Schlegelmilch erklärte sie schluchzend, daß jedermann sie kenne: sie sei von ihrer Tante in christlicher Zucht und Ehrbarkeit erzogen worden; sie habe wohl gehört, daß es Hexen gebe; aber sie wisse nicht, was Hexerei sei, und glaube auch nicht, daß in Frankenthal Hexen zu finden seien. Da erhob sich der Gerichtsherr Valtin Zipfel und sagte stammelnd aus, als er aus der Trinkstube gekommen, habe er plötzlich, im Vorraum vor dem Gerichtssaal, einen solchen unterirdischen Ruch von Rosen um sich gespürt, daß er vermeine, solches könne nur die Frucht des teuflischen Hexenwerks sein.

Darauf erklärte der Ratsherr Kemmeter, auch er habe diesen Ruch mit seiner Nase wahrgenommen; aber der sei, wie er beim Evangelio beschwören könne, aus den zinnernen Bechern der Ratsstube emporgestiegen, von einem Jahrgang Wein, den er, vor zehn Jahren, zu sechs Gulden das Fuder und also um einen Jammerpreis, an den hochmögenden Rat geliefert habe. Im übrigen müsse er bemerken, daß der Stechheber, mit dem der Ratsküfer den Schoppenwein aus den hahnenlosen Fässern ziehe, schon längst schadhaft sei, weil er nicht genug geputzt und gescheuert werde; er selbst habe hie und da mit Abscheu beim ersten Schluck ein vermischtes Geschmäcklein auf der Zunge verschmeckt, was, gegen alles städtische Herkommen, aus zwei Fässern zugleich stammte, und eine solche Schlamperei sei dazu angetan, Geschmack und Wein der Stadt in schlechten Geruch bei den Nachbarn zu bringen.

Dies brachte den Hexenrichter Götz Schlegelmilch in Harnisch: er bekundete, daß er jüngst, als er von einem Nachttrunk heimgekehrt, aus der Hottenlochgasse ein solch teuflisches Getöse, Toben, Schreien, Singen vernommen, daß er nicht anders meine, als diese Lustbarkeit sei von dem Erzfeind und Teufel wider alles Verbot der Obrigkeit angestellt worden, um eine Hexe zu feiern und sein Reich zu heben. Worauf der Ratsherr Kemmeter zwinkernd im Kreis umherblickte und erklärte: Daß Weinsümpfe doppelt sähen, habe er gewußt; daß sie doppelt hörten, habe er nun erfahren. Im übrigen rühre aber dies Geschrei, das guten Bürgern die Nachtruhe störe, von den welschen Arbeitern am Schloßbau her, die mit ihren Menschern die halbe Nacht durchtanzten und das Messer los im Sacke trügen.

Doch der Gerichtsherr Schlegelmilch blieb bei seiner Aussage und verlangte, daß die Malefikantin Barbara Glock alsogleich, nach altem Brauch, zu Recht nackt ausgezogen, auf ihre Hexenmale untersucht und, wenn solche nicht gefunden würden, mit Schrauben gepreßt werde.

Worauf der Ratsherr Christopher Kemmeter erwiderte: Er müsse die Schuld an besagter Augentrübung des Hexenrichters noch einmal auf den schlecht gehaltenen Wein schieben, der es bewirkt habe, daß er seine eigenen Miträte auf dem Vorplatz für Hexenmeister genommen habe; er schlage vor, den Ratsküfer *edictaliter* zu zitieren, um ihn zu christlicher Verwaltung seines Amtes zu vermahnen, die Füllung der Weinfässer durch ein wohlbestalltes Kollegium prüfen zu lassen und zwei Stechheber, einen für die Katholiken und einen für die Evangelischen, auf Kosten der Republik Frankenthal anzuschaffen.

Während die Ratsherren die Köpfe zusammensteckten, um über die vorgebrachten Anträge zu beraten, ließ der Stadtschreiber Friedrich Lerch Babette nicht aus dem Auge. Der Anblick des blassen Köpfchens, das seinen Blicken auswich, erfüllte ihn mit unendlichem Mitleid, und immer wieder gedachte er der Augenblicke, wo ihm das Licht ihrer Augen das wunderbarste Glück verhieß.

Das eifrige Getuschel und Gerede der Gerichtsherren fand jedoch ein jähes Ende, als sich der alte Kemmeter wieder erhob und mit flötenweicher Stimme erklärte, er müsse, noch ehe ein Bescheid des Hohen Collegii ergehe, die hochmögenden Gerichtsherren auf eine alte Verordnung vom 13. Aprilis de anno 1563 hinweisen, wonach es den Katholischen nicht erlaubt sei, eine Hexe allein der hochnotpeinlichen Halsgerichtsbarkeit zu überliefern, sondern wonach es zu Recht bestehe, daß die Lutherischen ebenfalls eine Hexe beizubringen hätten, wenn den Katholischen der Fang eines solchen Tierleins gelungen wäre, und so verlange er, als Bekenner der Augsburger Konfession, daß man das peinliche Verfahren aussetze, bis es auch den Evangelischen beliebe, eine Hexe ihres Glaubens aufzustöbern und der von Gott mit scharfem Verstand begabten Obrigkeit zu peinlicher Rechtfertigung oder Aburteilung zu übergeben. Seit der Glaube an die höllische Hexenzunft bestehe, sei in Frankenthal niemals eine Hexe allein geschwemmt oder verbrannt worden, und dies gleichzeitige Verfahren habe dem Stadtsäckel manchen Batzen erspart, der dann auf schicklichere Weise, in einem guten Trunk oder Schmaus, vertan worden sei. Auch sei es in Frankenthal von alters her der Brauch, daß vor Vernehmung einer beschuldigten Person ein dreitägiges Fasten für die Gerichtsherren aufzuschreiben sei, womit verhindert werde, daß üble Dünste aus dem

Magen aufwärts steigen und die Helligkeit des Hirns trüben. Er heische übrigens noch einmal die Herbeiführung eines Ratskonklusums über die Anschaffung zweier neuer Stechheber, und falls sie der Ratsküfer in Zukunft nicht paritätisch blank und sauber halte, solle er, zu Pfingsten und zu Weihnachten, gestäupt und bei widerspenstiger Beharrung in seiner Faulheit seines Amtes zu Ungnaden enthoben werden. Die Ratsherren sahen sich mit langen Gesichtern an: der eine oder der andere hatte von der alten Verordnung munkeln gehört, und da die Reichsstadt wegen der Treue, mit der sie an den Verordnungen der Väter hing, in ganz Franken berühmt war, so erging denn zunächst der Bescheid, daß Babette Glock, die ob des Gehörten an allen Gliedern zitterte, ohne Verweilen zu weiterem Gewahrsam in den Hexenturm zurückgebracht werde. —

Inzwischen redeten und schrien die Hochmögenden, die nun deutlich in zwei feindliche Gegnerschaften auseinander traten, mit vorgestreckten Gesichtern und spitzen Fingern aufeinander ein. Der alte Kemmeter aber stand wie ein Fels dazwischen, rieb sich die Hände und zwinkerte den Stadtschreiber Lerch mit vergnügten Äuglein an: er wußte zwar noch nicht, wie die Regierenden seinen Antrag aufnehmen würden und was daraus entstehen mochte; allein die Tatsache, daß er den hochmögenden Herren einen richtigen Kemmeterstreich gespielt und einen Stein in den Frankenthaler Karpfenteich geworfen habe, erfüllte ihn mit einer wahren Weinfreude: entweder, so sagte er sich, gingen seine Glaubensgenossen selbst daran, eine lutherische Hexe in den Turm zu liefern, damit das hochnotpeinliche Gericht seinen Fortgang nehmen konnte, und dann sah sich der Propst Schlegelmilch, der aus seinem geläuterten Rationalismus kein Hehl machte, in einer üblen Lage; oder die Katholiken machten sich selbst auf die Hexenjagd, um ein evangelisches Hexenstück zu erwischen, und dann konnte es geschehen, daß Mord und Todschlag einrissen. Zwar waren die Evangelischen in früheren Zeiten immer von dem löblichsten Wetteifer geplagt gewesen, nicht weniger Hexen zu liefern als ihre katholischen Mitbürger; aber sie hatten es stets aus freien Stücken getan, ohne daß der hie und da aufflammende Glaubenszwist der beiden Konfessionen bei diesen Hexenstreitigkeiten eine Milderung erlitten hätte; ja, er war gerade bei derartigen Gelegenheiten in solche Heftigkeit ausgeartet, daß sogar die Hexen beim Verhör erzählten, es habe niemals eine lutherische Hexe mit einer katholischen auf einem Maientanz tanzen mögen. Auch war es vorgekommen, daß die Aussagen der Hexen über die Gebräuche bei den Walpurgisnachttänzen manchmal, je nach dem Glauben der Beklagten, ganz wesentlich voneinander abwichen: bei dem großen Hexenbrand im Jahre 1617 war, wie aus den Aufzeichnungen des ehrsamen Ratschreibers Veit Unruh hervorging, ein gewaltiger Streit zwischen den beiden angeklagten Hexen entstanden, weil die lutherische Hexe steif und fest behauptete, bei dem Hexenmahl sei süßer Wein getrunken worden, während die katholische selbst in den spanischen Stiefeln nicht von ihrer

Aussage abzubringen war, der Wein, den ein rothaariger Küfer mit einer Feder hinter dem Ohr auf den Tisch gestellt habe, sei so sauer gewesen, daß sie ihn heimlich, damit der Grüne es nicht sehe, weggespien habe. —

An den nun folgenden Tagen summte und brummte die alte Reichsstadt wie ein Bienenkorb vor dem Schwärmen. Meister und Gesellen verließen ihre Arbeit und standen feiernd an den Straßenecken beieinander. Die breitesten Gassen rochen wie eine dampfende Wurstküche, und die zahlreichen Becken, die ein ererbtes Schenkrecht ausübten, sowie die Zunftküfer und Weinwirte des niederen Volkes mußten ihre ältesten Fässer anstechen, um den Hexenbrand der Meister und Gesellen zu löschen, die sich hinter den Kannen mit listigen Äuglein maßen. Die alten evangelischen Mainfischer schrien in ihrer Mundart, daß sie sich kein Brotkrümlein von ihrem Rechte abzwicken ließen; denn es sei eine Frechheit, wenn die Katholischen sich herausnähmen, ein eigenes Hexenrecht zu schaffen. Die Aufgeklärten, die sich in solche Konventikel verirrten, suchten die wilden Männer zu beruhigen, indem sie erklärten, daß es in Frankenthal schon seit einer halben Ewigkeit keine Hexen mehr gebe, weil die Vorväter, in vorausschauender Weisheit, die ganze Brut schon längst mit Stumpf und Stiel ausgerottet hätten. Daraufhin erklärten die Parteigänger des Bürgermeisters Lienlein, daß man schon eine protestantische Hexe finden könne, wenn man nur wolle: denn daß noch ungefangene Hexenweiber in Frankenthal herumgingen, beweise der Umstand, daß der Sohn des Bürgermeisters in der Nacht zuvor, als er an dem Hexenturm vorbeigegangen, von unsichtbaren Fäusten so zerbläut worden sei, daß er die blau und gelben Male noch an seinem Körper trage. Bald hieß es auch, daß Kaspar Lienlein, der seit einer Woche die halbe Nacht in dem Weinhaus „Zur warmen Wand" liege, mit seinen Freunden auf eigene Faust und Gefahr ein evangelisches Hexlein zu fangen gedenke, damit die eingetürmte Babette Glock endlich dem Urteil überantwortet und geschwemmt oder zu Asche verbrannt werde. Indessen ging es auf dieser Jagd dem Sohne des Bürgermeisters schlecht: er wurde von unbekannten Händen in eine randvolle Jauchengrube geworfen, und als man den jämmerlich Schreienden herauszog, fand es sich, daß ihm sein rechtes Auge heraushing. —

Da unter solchen Umständen der Bürgerkrieg in Frankenthal drohte, traten die beiden Geistlichen, der protestantische Propst Ehrwürden Veit Schlegelmilch und der katholische Dekan Kilian Lotter, zu einer Beratung zusammen. Die beiden Herren lächelten süß, als sie sich in einem Ratszimmer trafen, um diese leidige Sache zu erwägen und mit Gottes Hilfe einen Ausweg zu finden. Der Dekan Lotter, dessen feistes Prälatengesicht den Himmel auf Erden widerspiegelte, beklagte zunächst den Umstand, daß man ein Kind seines Glaubens der Hexerei bezichtige; aber weder seine Miene noch seine Worte verrieten die geringste Unruhe: er erklärte, er habe dem fürstbischöflichen Kommissariat einen Bericht erstattet und sehe nun allen Weiterungen mit der Ruhe eines guten Gewissens entgegen. Da jedoch in jedem geistlichen Gemüt ein Flickereien Rost glänzt oder ein Tröpfchen Bosheit giert, belehrte er den Propst, daß schon der Pater Friedrich Spee sein Leben daran gesetzt habe, den greulichen Hexenwahn zu bekämpfen, und der Eindruck, den der fromme Priester von dem Elend der Hexenprozesse gewonnen, sei so groß gewesen, daß sein Haar im schönsten Mannesalter weiß wie frischer Schnee geworden sei, wie aus seinem Buche „*Cautio criminalis*" hervorgehe. Und als Gegenstück zu dieser frommen Lichtgestalt ließ er den sächsischen Kanzler und Protestanten Carpzow auftauchen, der allein das Todesurteil von zwanzigtausend Hexen unterzeichnet habe.

Der Propst Schlegelmilch hörte diese Unterweisung mit mildem evangelischen Lächeln an; sein Gemüt war zwiespältig: während er einem gemäßigten Vernunftglauben zuneigte, ging seine Seele heimlich in verschlossenen Seelengärtchen spazieren, wo Liebeswunder herrnhutischen Gepräges geschahen und Weltliches und Geistliches wie Rosen- und Liliendüfte ineinanderflossen. Er bedauerte den Geist der Stadt, der allzusehr an Altem hänge und nicht davor zurückschrecke, um eines Festes willen sein Seelenheil aufs Spiel zu setzen; aber im stillen gelobte er sich, seinem katholischen Amtsbruder die Anspielung auf den lutherischen Kanzler Carpzow bei Gelegenheit mit Zins und Zinseszinsen heimzuzahlen und bei der Verteilung des städtischen Deputatholzes darauf zu sehen, daß die katholischen Holzknechte nicht die schönsten Scheite ihrem Seelenhirten zu übermäßigen Klaftern schichteten. —

So verlief die Unterredung der beiden Geistlichen, ohne eine Wendung im Schicksal der Babette Glock herbeizuführen. Dafür beschlossen die beiden Gerichtsherren Unruh und Zipfel, bei dem störrischen Babettchen selbst auf den Busch zu klopfen, um aus ihrem Munde zu erfahren, mit welchen Hexen sie zu Pfingsten auf der Galgenweide getanzt und geschmaust habe. Sie fanden die Gefangene blaß, aber gefaßt in der Fensternische ihres Turmes sitzen: sie dachte just des Tages, da ihr Jugendgespiele Friedrich Lerch, von der Akademie heimkehrend, zum erstenmal in die Stube bei ihrer Tante getreten war, und ein Gefühl glücklicher Erwartung erquoll aufs neue in ihrer Brust. Als die beiden Kracher von dem Hexentanz anfingen, flammte das alte Wesen in ihr auf: sie ging mit geballten Fäusten auf die Alten los, so daß diese mit aufgehobenen Händen bis an die schwere Eisentür des Verließes zurückwichen, von wo aus sie erschreckt und zitternd auf das bebende Mädchen blickten.

Der Ratsherr Zipfel begann als erster zu lachen: „He, Jungfer Glock, nichts für ungut, mit Euch möcht ich selbst ein Hexentänzchen wagen." Und er spitzte den Mund, als ob er ein Schmätzlein pflücken wolle. Im stillen war er jedoch voll Ärgers, daß er nicht allein gekommen war, um dem schönen Kind das Hexenherzchen schwer zu machen. Er trat, da Babette ruhig blieb, wieder einen Schritt näher und fuhr meckernd fort: „Aber so sagt uns doch nur, mit welchen Hexen Ihr beim letzten Tanz zusammen waret. Ist kein lutherisch Hexle dabei gewesen? Aus der Hottenlochgasse, wo die Hexen von alters her wachsen? So sagt es doch. Verbrannt werdet Ihr doch; denn es ist noch niemals erlebt worden, daß eine Frankenthaler Hexe freigekommen ist."

Da ging Babette in jäh ausbrechender Wut wieder auf die Alten los, und aus ihren Augen flammte ein solches Licht, daß die Gerichtsherren zähneklappernd die Flucht ergriffen. Sie vergaßen sogar, die eichene Gefängnistüre mit dem Schlüssel zu schließen, und keiner wußte zu sagen, wie er die ausgetretene Wendeltreppe heruntergekommen war. Der Ratsherr Unruh erzählte am Abend in der Ratsstube, er habe nun auch den Rosengeruch gespürt, der den Gerichtsherren dazumalen, beim Gang aus der Ratstrinkstube, in die Nase gestiegen sei; aber es sei ihm dabei so elendiglich zumute geworden, daß er in seiner Seele nicht mehr froh geworden, bis er bei seinem ehelichen Weib zu Hause gesessen und drei Rosenkränze nebst der lauretanischen Litanei gebetet habe. —

Unterdessen geschah es in der aufgewühlten Stadt, daß bald diese oder jene Frankenthalerin als Hexe genannt wurde. Infolge dieses heimlichen Geredes kam es an verschiedenen Abenden zu blutigen Schlägereien zwischen Katholiken und Evangelischen, und da auch die Frankenthalerinnen ihre Zungen gehen ließen, gerieten die Gemüter in solche Erhitzung, daß bald jede Frau in jeder andern eine heimliche Hexe sah.

Indessen saß Babette weltverlassen in ihrem Turm und brütete in wechselnder Gemütsart vor sich hin. Sie konnte es nicht begreifen, daß kein Wunder geschah und Tag um Tag verging, ohne daß der Geliebte erschien, um sie aus dem Jammer fortzuführen. Der Blick, den er ihr zugeworfen, als sie den Rathaussaal verlassen hatte, wo die leibhaftigen Teufel in Ratsherrengestalt auf ihren hochlehnigen Stühlen hockten, glänzte noch immer vor ihr her, und wenn sie unwillig wegen seiner Schüchternheit werden wollte, die alles verschuldet habe, löschte dieser lange Blick jeden Groll in ihrer Seele aus. Sie schloß ihre Augen, um diesen Blick immer wieder mit vollem Herzen zu genießen, und das Glück, das sie ersehnte, stand dabei so klar vor ihrer Seele, daß sich ihre Wangen mit brennendem Rot färbten, wenn sie seiner gedachte. Von einem Augenblicke seligen Beisammenseins spann sich ein goldenes Fädchen in ähnliche Augenblicke späteren Daseins hinüber, und wenn sie die Augen aufschlug und das blecherne Eßgeschirr vor sich stehen sah, floh sie eiligst in die Mauernische, wo sie nur den Schrei der Dohlen vernahm, die den Knauf des alten Hexenturms umschwärmten. Dann quoll ein seltsames Mitleid mit sich selbst, das doch nicht ohne Süße war, in ihrem Herzen auf, und die Gassenbuben, die vom Stadtwall aus nach dem Hexenturm herüberblickten, erschienen ihr, wie durch einen Schleier hindurch, zum Greifen nah und doch unendlich ferne.

Als aber Tag für Tag verfloß, ohne daß der Geliebte ein Zeichen seines Daseins oder seiner Hilfsbereitschaft gab, flammte wieder die alte Empörung gegen dessen ganzes Wesen in ihr auf, und nun wandte sich ihr Sehnen und Denken der Gestalt des Junkers Emmerich zu, dem sie nun in hellem Trotz alle Manneshertlichkeit, allen Wagemut und alle Liebestreue andichtete. Sie durchlebte noch einmal die Stunden des Festes der Grundsteinlegung mit sehnendem Gemüte, und der Ton der Stimme, die sie zu hören glaubte, drang wie ein Strahl himmlischer Wonne in ihr Herz. Sie zweifelte nicht, daß jener auf den ersten Ruf erscheinen werde, um sie aus diesem Kerker, in dem nur alte triefäugige Männer Zutritt hatten, hinwegzuführen. Doch die Tage vergingen, ohne daß ein Zeichen sorgender Liebe in das muffige Düster des Hexengemaches drang. Als einziges Liebeszeichen legte eines Abends der Stockmeister ein Stück Kuchen neben die blecherne Suppenschüssel; da wußte sie, daß die blinde Tante ihrer gedachte, und brach in bittere Tränen aus, die noch flossen, als sie wie in einem Traum den ersten Biß in den frischen Kuchen tat. —

In der Nische, wo sie tagsüber saß und in das Grün des nahen Waldhangs hinüberblickte, hausten Spinnen, kleine schwarze Tierlein. Als sie zum ersten Male ihrer gewahr wurde, hatte sie voller Abscheu ihre zarten Gewebe zerstört, die wie gebauschte Segel in den verstaubten Ecken hingen. Als aber die schwarzen Spinnerinnen sofort wieder daran gingen, einen Faden zu ziehen und ihr Fangnetz in der halben Dämmerung aufzuhängen, ließ sie die Emsigen gewähren und sah neugierig zu, wie zuweilen ein Mücklein in das gebauschte Netz geriet und von der Spinne zu künftigem Fraße eingewickelt wurde. Ja, es regte sich bei diesem Spiel eine seltsame Grausamkeit in ihr, und diese bösartige Regung wurde schwärend, als sie eines Tages von ihrer Nische aus drei ihrer besten Freundinnen erblickte, die Arm in Arm auf dem Waldpfad über dem Stadtgraben standen und nach dem Fenster des Gemaches herüberäugten, in dem Babette gefangen saß. Sie floh in den hintersten Winkel des Hexengemaches zurück, um diesem Anblick zu entgehen, und wünschte, voll jähen Grimms, wirklich eine Hexe zu sein, um diesen Docken jedes Übel anzutun; aber das helle Lachen ihrer Freundinnen trieb sie wieder ans Fenster zurück, und als bald darauf die Mädchen singend weitergingen und im Wald verschwanden, überfiel sie ein Frösteln, das nicht weichen wollte. Und wieder suchten ihre Gedanken Trost und Zuflucht bei dem Junker, dessen Gestalt bei dem Gedanken, daß er in Mainz in Glanz und Ehren weile, mit überwältigendem Zauber vor ihre Seele trat. —

Doch als auch dieser Seelentrost wie ein Schein erblich, regte sich in ihrer Seele ein seltsam Gären und Schwären: alles was sie an Spinnabenden von Knechten und Mägden über Hexen und Hexenbräuche, Marientänze, Salben und Wettermachen gehört hatte, begann ihr Denken in einen Hexenring zu ziehen. Und wenn sie voll heimlichen Grauens sich selber fragte, ob es wirklich Frauen gebe, die zum Heuberg oder zur Galgenweide führen, vermischte sich der Durst nach Rache an ihren Peinigern wie ein süßes Labsal mit diesem Denken und Sinnen. Und noch süßer als der Wunsch, die ganze Stadt in einem Kieselwetter zu ersäufen, erschien ihr der Gedanke, sich dem Geliebten, der sie in solchem Jammer schmachten ließ, als triumphierende Hexe zu zeigen und sich an seinem staunenden Entsetzen zu ergötzen und zu laben. Indessen nahm auch dieses Spiel mit Hohn und Bitterkeit ein Ende, und da der geifernde Hexentürmer wieder von der Folterung zu faseln begann, geriet sie in eine verzweiflungsvolle Erwartung unentrinnbar nahen Entsetzens.

Da fuhr sie, eines Tages, in aller Frühe aus einem bleiern schweren Schlummer auf: ganz deutlich hörte sie, aus naher Ferne her, das Horn des Kutschers, der das Lied von der jungen schönen Braut blies, unter dessen Klängen einst der Junker Emmerich Rüdt von Collenberg aus den Toren der Stadt gefahren war. Endlich war ihr Retter erschienen! Sie sprang von dem Schragen auf und lief an die verriegelte Türe und pochte mit den Füßchen an die dicken Bohlen. Und da der Ton des Posthorns laut und lauter näher kam, hielt sie fast den Atem an, und ein klarer Plan reifte jählings in ihrem Gemüt. Als der Hexentürmer gleich darauf mit dem gebrannten Morgensüpplein daherhumpelte, verlangte sie, stammelnd vor Hast, vor ihre Richter geführt zu werden. Der Alte, der ein Geständnis witterte und nun seinen Hexenschmaus ganz nah gerückt sah, schlurfte eilends davon, und eine Stunde darauf wußte schon die halbe Stadt, daß die Hexe Babette Glock endlich mürb geworden sei und ihre Hexereien gestehen wolle. Die Katholiken unter den Hexengläubigen hofften, endlich zu erfahren, ob nicht doch eine evangelische Hexe unter ihnen weile, und die Evangelischen versahen sich mit Stöcken und Prügeln, um lose Mäuler mit ungebrannter Asche zu stopfen. Um neun Uhr schon waren die zwölf Gerichtsherren und der ganze Rat auf dem Rathaus versammelt. Wie eine Mauer aber stand das Volk, der Hexe harrend, links und rechts auf dem Platze vor dem Hexenturm, und als endlich der Schlüssel knarrte und Babette, bleich und abgezehrt, wie ein Schatten, über die Schwelle trat, legte sich auf die Harrenden eine atemlose Stille, in die, über die nahen Dächer her, plötzlich wieder, klar und kräftig, das Posthorn hereinklang. Die Mütter drückten ihre Kinder an die Brust, damit der Blick der Hexe ihnen kein Unheil antun könne, und die männliche Jugend, der beim Anblick der hübschen Babette das Wasser im Mund zusammenlief, blickte sich zwinkernd an.

Hinter der Hexe ging der Türmer, mit einem alten Hütchen auf dem Kopf, und hielt den Strick, an dessen Enden die Hände der Gefangenen gefesselt waren, in seinen zitternden Fäusten fest.

Da aber geschah etwas Unerwartetes: das bleiche Mädchen, das vor den Blicken der Menge den Blick niedergeschlagen und nur zögernd den Fuß auf die Gasse gesetzt hatte, erhob beim Aufklingen des Posthorns jählings den Kopf: dieser Ton bedeutete Heil und Rettung, und mit einem jähen Ruck riß sich Babette los und flog wie eine aufgescheuchte Taube zwischen der erstarrten Menge hindurch. Niemand wagte es, in der ersten Überraschung, nach der Fliehenden zu greifen, und erst als sie in einem Seitengäßchen verschwunden war, brach die Menge zusammenflutend in ein wildes Geheul aus. Ein altes Männlein schrie, es hätte den Atem des leibhaftigen Satans gespürt; den jungen Frauen tanzten schon die Höllenfunken vor den Augen, und die alten guckten gleich in die Höhe, denn sie zweifelten keinen Augenblick, daß die Hexe sofort ein Wetter machen werde, um die Stadt in einer Sintflut zu ersäufen.

Doch nichts von alledem geschah. Wie der Wind durcheilte Babette ein paar winkelige Gassen und Gäßchen, um den Marktplatz zu erreichen, wo der Gasthof „Zum Elefanten“ stand, in dem die vornehmen Fremden abzusteigen pflegten. Auf dem weiten Platze blieb sie einen Augenblick stehen, um zu verschnaufen. Ihr einziger Gedanke war gewesen, den Reisewagen des Junkers von Collenberg vor dem Gasthaus zu erreichen; da aber kein Fuhrwerk vor der Treppe hielt, flog sie weiter, um durch das Falkentor zu entkommen. Doch schon gellte der Volksruf: „Fangt die Hexe!“ hinter ihr her und erregte die Aufmerksamkeit einiger Fuhrknechte, die vor dem halbverschlossenen Tore beieinander standen und rasch die Arme ausstreckten, um die Fliehende abzufangen. Da bog sie wie der Wind in ein anderes Seitengäßchen ein; doch überall, wohin sie sich auch wenden mochte, überall begegnete sie feindseligen oder lachenden Gesichtern: denn den Frankenthalern war es inzwischen zum Bewußtsein gekommen, daß für die Hexe kein Türlein zum Entwischen offen stand, und nun gedachten sie die Atemlose wie eine Maus bis zu letzter Erschöpfung im Kreise herumzuhetzen und sie erst zu fangen, wenn sie keinen Fuß mehr heben konnte.

So gelangte sie in wilder Hatz ein zweites Mal vor das Falkentor, über dessen Zinnendach nun der Ton des Posthorns noch einmal wie ein ersterbender Hauch aus weitester Ferne hereinklang. Einen Augenblick stand die Atemlose still, um sich zu besinnen: da hörte sie, wie sich das Gejohl und Geschrei ihrer Verfolger nah und näher wälzte, wie es gellend und pfeifend aus allen Gassen zusammenbrauste und über den Dächern zusammenschlug. In jäher Todesangst floh sie in den Turm und stürmte die schmale Holztreppe empor, die aus der Torhalle auf den uralten Wehrgang hinter der Stadtmauer führte, und eilte unter der niederen Bedachung des Umgangs weiter. Und wie ein himmlischer Schutzort glänzte ganz plötzlich das Haus des Ratsherrn Kemmeter vor ihr her, dessen Garten, wie ihr nun einfiel, an die Stadtmauer grenzte. Sie mußte allerdings, um in den Garten zu gelangen, einen Sprung in die Tiefe wagen. Da sie aber schon die Tritte der Verfolger zu hören glaubte, ließ sie sich ohne langes Besinnen von der hölzernen Brüstung des Wehrganges auf ein umgegrabenes Beet fallen und gelangte, bis zum Tode erschöpft, vor die Hintertüre des Flures, deren Klinke dem Drucke ihrer Hand nachgab. Margret, die Schwester des Spitalpflegers, die gerade eine Windel für ein Waisenkindchen säumte, machte große Augen, als Babette Glock wie ein gehetztes Wild in die Stube stürzte und mit hauchloser Stimme um einen Zufluchtsort bat. Die alte Jungfer sah nicht gerade mit liebevollen Augen auf das Mädchen, das als keckes, mundfertiges Wesen in ihrem Gedächtnis lebte und nun, da sie als Flüchtige kam, vielleicht Sorge und Belästigung in das Haus brachte. Da sie nicht wußte, was der nächste Augenblick bringen würde, und sie gewohnt war, nichts ohne ihren Bruder zu tun, löste sie den Strick von den Händen der Erschöpften und sperrte, ohne ein Wort zu sagen, das still vor sich hinweinende Mädchen in eine Bodenkammer. Dann verschloß sie, der weiteren Dinge harrend, die Gassentüre des Hauses. Nach einer Weile hörte sie, wie eine johlende Menge in dem Wehrgang über dem Garten hin und her stürmte; aber es erschien niemand in dem Hause, um nach der Entflohenen zu spähen, und so hielt sie es für angebracht, die dumpf vor sich Hinbrütende zu heiligem Schweigen zu mahnen, da die Magd bald vom Markte heimkäme. Sie fragte unwirsch, ob Babette ein Gläschen Wein wolle, und brummte wie ein Hausdrache vor sich hin, als die Erschöpfte mit aufgehobenen Händen und erloschener Stimme nach dem Ratsherrn verlangte. —

Als der Spitalpfleger eine Stunde später nach Hause kam, ließ sich die Jungfer Margret erst die Flucht der Hexe erzählen, und dann geleitete sie, ohne einen Muckser von sich zu geben, ihren Bruder in die Kammer, wo Babette mit weiten Augen und schwer atmend auf einer niedern Truhe saß. Sie hatte in dem dunklen Gelaß jede Hoffnung auf Rettung verloren und war gewärtig, jeden Augenblick ergriffen zu werden.

„Du hast uns da ein hübsches Süpple eingebrockt,“ sagte der Ratsherr unwirsch, als er gewahrte, wie die Tränen über die Wangen der Gehetzten niederrannen. „Und ich soll's ausessen, gelt? Aber so ist die Jugend: nur wenn sie uns braucht, kommt sie zu uns, damit wir die Fädchen, an denen sie zappelt, zu einem seidenen Stricklein drehen, um das Glück an ein rechtes Handgelenk zu binden. Wenn wir aber auch am Tischle sitzen wollen, wo sie aus vollen Bechern trinkt, dann heißt es: Geh, du hast dein Teil gehabt! Die Jungfer weiß vielleicht, daß ich französisch parlieren kann und zwei Jahre auf der Akademie in Straßburg gemeines und kirchliches Recht studiert hab? Aber Sie weiß nicht, daß ich mich da auch um andere Dinge gekümmert habe, die auf keinem Kirschbaum wachsen. Und einen Trost von da hab ich mitgebracht: Es kommt immer anders! Die Jungfer muß erst Großmutter werden, eh Sie versteht, was das besagen will. Was aber sollen wir mit Ihr anfangen? Nun, was das Hexensüpplein anbelangt, so soll mir der Rat beim Essen helfen und tüchtig blasen, damit er sich die Zunge nicht verbrennt und, *vel votando vel consulendo*, lernt, wie Hexenmählchen schmecken. He, Jungfer Glock, Ihr könnt Euch rühmen, den alten Bienenkorb fein in Aufruhr gebracht zu haben. Hört Ihr den Lärm? Nun wird sich zeigen, ob Seine Ehrwürden der Propst recht hat, wenn er behauptet, die Zeit himmlischer Erleuchtung sei nie näher gewesen als heute, Apokalypse dies oder jenes Kapitel. Es wäre zum Lachen, wenn ein fliehendes Frauenzimmerchen den Herren dieses Lichtlein aufgesteckt hätte, damit sie auch sehen, welches Süpplein sie blasen. Und auch die Zunft der Bader wird heut zu tun bekommen."

Da Babette schwieg, hob Christopher Kemmeter das Kinn der Sitzenden empor und lachte dann: „Was seht Ihr mich an? Habt Ihr vielleicht schon einen schöneren Jüngling gesehen? Was würdet Ihr sagen, wenn ich Euch bei der keuschen Susanna im Bad ersuchte, meine liebwerte Ehefrau zu werden? Ich möchte auch einmal, wenn ich abends aus dem Ratskeller nach Hause komme, von weichen Pfoten gekrault werden. Meine Schwester ist ein altes Fegefeuer und hat nicht die Hand dazu."

„Der Herr von Collenberg ist durchgefahren?" fragte Babette, mit einem Blick, aus dem fast kein Leben leuchtete.

„Mit einer Braut, die sich der Batzenschmelzer aus Mainz geholt hat. Laßt ihn fahren; den seht Ihr niemals wieder."

Babette Glock sank auf die Truhe zurück und starrte vor sich hin: was sie da vernahm, stieß sie wieder in den Jammer öder Hoffnungslosigkeit zurück, und doch wunderte es sie selbst, daß sie keinen tieferen Schmerz ob dieser Nachricht empfand. Der Spitalpfleger scherzte indessen weiter: „Und ich gefall Euch nicht?"

Da überkam die Reglose jählings ein Gefühl der Beruhigung, und plötzlich erwachte die Schelmin in ihr: „Ich will keine Wittib werden," sagte sie seufzend, während ihr die hellen Tränen in die Augen schossen.

Der Ratsherr zwinkerte mit den Äuglein unter seinen buschigen Brauen: „Ihr verurteilt mich ja zu einem raschen Sterben! Aber was habt Ihr, wenn Ihr einen verängstigten Hungerleider nehmt, der nicht lachen kann und seine Bettelsuppe mit saurem Gesicht ißt?"

„Ich hab zuviel gelacht," seufzte sie, worauf sie in ihre vorige Trübsal zurücksank.

„Wenn es der Geiß zu wohl wird, geht sie gern aufs Eis. Nichts für ungut, Jungfer: Ihr habt ein Schelmenaug, das schlimmere Dinge verrät, als ein roter

Mädchenmund sagen kann. Ich würde Euch gern einen Mann schicken, der meine Sache führen soll; aber ich kenne keinen: zu Frankenthaler Kanzlern nimmt man niemals aufrechte Männer, weil man sie in diesem Amt nicht brauchen kann.“

„Ihr sollt nichts Schlimmes über ihn sagen,“ bat Babette mit leiser Stimme.

„Frauenwille, Gotteswille,“ drohte Christoph Kemmeter mit erhobenem Finger, und in ausbrechender Sorge fügte er hinzu: „Nun aber halt dich still. Es darf keine Seele erfahren, daß wir ein Hexlein beherbergen. Und muckse nicht, wenn unsere Magd, die alte Urschel, auf dem Speicher rumort: den Schlüssel zu der Kammer da hab ich verloren, wenn sie ihn verlangt. Und deiner Tante will ich zur Gemütsberuhigung sagen, sie soll uns doch noch einen Hochzeitskuchen, einen echten Frankenthaler Blatz mit Weinbeeren, backen.“

Da saß nun Babette zum zweiten Male in Gefangenschaft und hatte Muße, über das Wesen der Menschen nachzudenken. Von dem schmalen Giebelfensterchen aus konnte sie einen Teil des Gartens überblicken, der sich hinter dem Hause des Spitalpflegers bis an die Mauer erstreckte, und wenn sie das Köpfchen aus dem Fenster streckte, konnte sie den Duft der Blumen riechen, der aus der stillen Mauergartenwelt in ihre Kammer emporstieg. In dem ummauerten Garten herrschte ein geheimnisvolles Leben: die Amseln huschten zankend über die Beete, ein Brünnlein perlte in ein zerborstenes Becken, und die ersten Rosen glühten aus der grünen Tiefe. Einmal sah sie auch den alten Kemmeter, wie er mit einem Kännchen von Beet zu Beet ging und dann die Faust gegen den Wehrgang schüttelte, über dessen Brüstung von Zeit zu Zeit neugierige Gesichter lugten. Da zog sie sich in das Innere zurück. Sie hatte gehofft, der alte Ratsherr werde in einem Stündchen schon mit dem Geliebten daherkommen, damit sie gemeinsam berieten, wie sie zu ihrer Base in Zell entkommen könne; doch die Stunden zogen sich hin, und erst gegen Abend erschien der Ratsherr mit der Nachricht, der Herr Stadtschreiber habe sich bei einem Hexengespräch gegen jede Würde hinreißen lassen, in einer Weinstube die Hand gegen ein paar Laffen aus der Freundschaft des Bürgermeisters zu erheben, und liege nun mit einer Stirnwunde zu Bette.

„Sie hat den Heldengeist in ihm geweckt,“ scherzte der Alte, und Babette entgegnete leise, aber fest: „Ich werde noch ganz andere Dinge in ihm wecken.“ Aber sie zeigte, zum Erstaunen des Ratsherrn, weiter keine Neugier, Näheres über diese Schlägerei zu erfahren, sondern fragte nur: „Wann kann ich ihn sehen?“

Der Alte versprach, ihren Wunsch zu erfüllen; er habe ihr Versteck noch nicht verraten; aber er werde den Helden am nächsten Tage lebendig oder tot herbeischaffen, und Babette, die in dieser Nacht zum erstenmal wieder traumlos ruhig schlief, erbat sich am nächsten Morgen ein Nähzeug, um ihr Busentuch auszubessern. Die Jungfer Margret sah ihr dabei ein Weilchen zu und brachte dann ein paar Waisenhemdchen herbei, die Babette säumen sollte. Sie hatte sich vorgenommen, dem kecken Ding gehörig auf die Finger zu gucken; aber wenn Babette die leuchtenden Augen aufschlug, blieben der alten Jungfer die Scheltworte in der Kehle stecken, und nur ein Knurren der Abziehenden verriet, daß sie mit sich selber unzufrieden war.

Mit sinkender Nacht betrat Friedrich Lerch, den Dreispitz tief auf die Stutzperücke gedrückt, das Haus des Spitalpflegers. Dieser ließ sich zuerst des weiten und breiten berichten, was die Frankenthaler über die verschwundene Hexe hin und her redeten und wem das Fell von Prügeln juckte; dann ging er hüstelnd in dem Gemach auf und ab, guckte in ein Schränkchen und schloß es wieder zu, stopfte seine holländische Pfeife und holte endlich aus dem Keller eine Kanne Wein, aus der er dem Stadtschreiber fleißig einschenkte. Als er selbst ein paar Gläser getrunken hatte, fing er an: „Friedrich Lerch, ich hab Seinen Vater gekannt, und weiß Er, was mir mein guter Freund, der selige Kammerdirektor Lerch, eines Tages, auf einer Schweinshatz, sagte: ‚Ich hab sieben Buben, und einen, der ist zu allem unbrauchbar. Nicht einmal zum Haferschneiden weiß er sich anzuschicken.‘ — Ich tröstete den Vater dieses Sorgenbuben und sagte: ‚Laßt ihn lateinisch lernen!‘ Hat Er's gelernt? Weiß Er, was Horaz vom Tage sagt? *Carpe diem!*“

Ein bitteres Lächeln umflog den Mund des unbestätigten Kanzlers; doch der Alte fuhr fort: „Hat Er so an den Kosttischen gelächelt, die Er in Altdorf ausgefressen? Nichts für ungut: daß Er mit Seinen Brüdern nicht aus dem Vollen schöpfen konnte, kam daher, daß sich mein getreuer Freund, Sein seliger Vater, zu früh aus dem Staub gemacht hat in ein besseres Jenseits. Nicht ohne Grund: denn ich könnte allerlei Geschichten erzählen, wie man an kleinen Höfen lebt und seine Leute preßt. Als ich das letztemal bei Seinem Herrn Vater in Weiningen weilte, gab er mir ein Reskript zu lesen, dessen Wortlaut ich mir eingeprägt habe. ‚Von Gottes Gnaden, Wir Ulrich Ernst, Fürst von Weiningen (und das und das und so weiter). Lieber, Getreuer! Nachdem Unsere Fürstliche Gemahlin Durchlaucht eine Reise ins Bad nach Pyrmont vorzunehmen gnädigst beschlossen haben, hiezu aber noch ein Reisezuschuß von 500 Dukaten in Gold unumgänglich erforderlich ist, also befehlen Wir dir in Gnaden, besagte Summe aus deiner Amtskasse, in Ermanglung deren aber aus eigenen Mitteln, binnen vierundzwanzig Stunden, bei Vermeidung der Exekution, herbeizuschaffen.‘

Und weiß Er, was Sein Vater tat? Er meldete, daß er aus seinem eigenen Säckel bereits 150 Gulden in die Hofküche gespendet, worauf ihm ein Schreiben zukam: ‚Wir u. s. w. Lieber, Getreuer! Nachdem Wir aus deinem untertänigen Bericht *de dato hesterno et praesentato hodierno* in Gnaden ersehen haben, daß *Pars prima rescripti nostri* nicht in Anwendung zu bringen, also hat es bei *Pars secunda* desselben sein unausbleibliches Bewenden.' Das wollte besagen, daß die besagten 500 Dukaten von dem Kammerdirektor Lerch beschafft werden mußten, und daß Seine Mutter später mit der Rentkasse im Streit lag, um ihren hungrigen Buben das Vorgeschossene zu erstreiten. Er weiß auch, daß Sein Vater längere Zeit gelähmt dalag und nur noch das eine Wort ‚Hundsfötter' hervorbringen konnte. Ich weiß nicht, wen er damit meinte, kann mir's aber denken. — Hundsfötter und Herrgötter gibt einen Reim, womit ich übrigens keine Blasphemie gegen unsern lieben alten Herrgott und Seligmacher an den Mann gebracht haben möchte. Doch nun frag ich Ihn: Was gedenkt Er zu tun?"

Friedrich Lerch zuckte die Achseln.

Doch der Alte fuhr fort, und aus seiner Stimme klang es wie Hohn und Grimm: „Er ist ein studierter Mann. Weiß Er nicht, daß alle Dinge an ein Fädchen geknüpft und so miteinander verstrickt und verwoben sind, daß man kein Mäschlein auflösen kann, ohne ein Löchlein in das Geweb zu machen? Und daß, wer A sagt, auch B sagen muß? Und daß des Herrgotts Boten so leis zur Tür hereinkommen, daß wir gar keine Zeit finden, sie hinauszuwerfen, ehe sie ihre Botschaft an den Mann gebracht haben? Er ist eine brave, aber furchtsame Seele. Hat Er sich's schon überlegt, daß man damit den Weibsen nicht in die Augen sticht?"

Friedrich Lerch seufzte.

„So denkt Er immer noch an die Hexe? Schlag Er sich das Frauenzimmer aus dem Sinn. Er ist nicht gemacht, um mit Hexen zu leben. Ich rate Ihm, eine gestandene Jungfer zu nehmen, die eine doppelte Aussteuer in ihrer Kammer, einen Gültbrief in ihrem Laden und hundert Kronentaler in ihrem Strumpf versteckt hat. Zwölf Kinder soll Er bekommen, und beim dreizehnten kann Er mich zum Dot bitten."

„Sie werden sie wieder fangen," seufzte der Stadtschreiber, der in einem fort an Babette dachte.

„O, la la," lachte der Alte.

„Und ich könnte sie alle an den Galgen bringen, wenn es noch Recht und Gerechtigkeit gäbe," schrie Friedrich Lerch, in dem nun der Wein zu wirken begann, ganz plötzlich auf. „Ich habe erst einen Blick in die Vetterleswirtschaft am Ort getan und weiß doch schon, daß sie alle, die hochmögenden Herren, Taschen mit doppelten Böden haben. Der hat einen Sohn und jener eine Tochter, die alle meinen, es schmecke kein Kuchen so süß als der, den sie aus dem Stadtmehl backen. —"

Der Ratsherr lachte aus vollem Halse: „Er ist toll. Weiß Er am End auch schon, daß man am weichsten auf dem Leder geht, das man aus dem Rücken der anderen schneidet? Hat Er darüber nachgedacht, warum wir von der gleichen Konfession die gleiche Anzahl Ratsherren, Pfaffen, Stadtausrufer, Hochzeitansager, Büchsenmacher, Glockengießer, Apotheker, Ärzte und Scharfrichter haben, warum aber nur ein Bürgermeister regiert? Hat Er noch nicht bemerkt, daß der katholische Totengräber seine Leute mit einem anderen Gesicht eingräbt als der lutherische? Und was will Er machen, wenn Er, wie ich als Armenadvokat, eines Tages zum Waisenvater und Rentmeister des Waisenhauses zugleich ernannt wird und in die seltsamste Zwickmühle gerät? Setz Er den Fall, der Waisenvater — Er — befehle dem Rentmeister — Ihm —, den unglücklichen Waisenkindern einen Osterkuchen aus Weizenmehl backen zu lassen, und der Rentmeister weigere sich, Seinem Befehl zu gehorchen, weil kein Geld in der Kasse ist? Wird Er den Lümmel nicht koramisieren? Wird Er — als Waisenvater — dulden, daß der Rentmeister Ihm auf ein ungeschriebenes *Promemoria* von hundert Seiten keine Antwort gibt, sondern Ihn vielleicht gar auf die immerwährende Frankenthaler Kirchweih lädt? Wenn Er in solchen Lagen, wie ich sie zu hundert Malen durchgemacht habe, nicht zum voraus Bescheid weiß, versteht Er nichts *in politicis*, und ich rat Ihm als guter Freund, lieber heut als morgen eine gut dotierte Stellung in dem Utopien des weiland Kanzlers Morus zu suchen, nicht aber in einer paritätischen Republik, deren Verfassung auf dem Westfälischen Frieden gutgeheißen wurde und dem kaiserlichen Hofrat in Wien auch heut noch zuweilen den heiligen Amtsschlaf stört. Ich will Ihm, falls Er als Scriba beim Amt zu bleiben und das Juramentum zu leisten gedenkt, einen guten Rat geben: Trag Er nur fein immer den Hut in der Hand, wenn Er dem regierenden Herrn Bürgermeister oder einem hochmögenden Ratsherrn begegnet, und katzenbuckle Er wie ein Hungerleider, der Schlehen für Pflaumen frißt, wenn die Not an den Mann geht. Und wenn von der hochmögenden Obrigkeit die Rede ist, die, wie ich jüngst in einem alten Hexenurteil gelesen, von Gott eingesetzt und mit scharfem Verstand begabt ist, so sitz Er mit ehrfürchtigem Gesicht da und laß Er Seine Ohren hängen, wie es die bockigen Esel tun. Sollte Er zufällig ein Weinglas vor sich stehen haben, so kann Er trinken; aber Er lasse es nicht merken, daß Er es vielleicht tut, um Seinen Ärger hinabzuspülen. Vor allem aber mach Er sich nie mit der Geistlichkeit zu schaffen; denn da wird Er, wie ich Ihm auf Eid und Treu versichern kann, immer den kürzeren ziehen, obwohl ich Leute kenne, welche die wohlehrwürdigen, großachtbaren und hochgelahrten Herren mit und ohne Beffchen zu eigenem Gaudio hie und da hübsch gezaust haben, hihi. Und wenn Er Geld hat, laß Er es nie merken, sondern sperre Seine errackerten Kronentaler in einen Strumpf ohne Loch; denn die Strümpfe sind nicht dazu da, daß man darauf gehe, sondern daß man sie voller Batzen im Bettstroh verstecke. Und wenn Er, was nicht immer ein Glück ist, Söhne bekommt, so laß Er sie nicht in den metaphysischen *Terris incognitis* herumvagieren, sondern laß Er sie wieder Stadtschreiber werden, welches Amt mit Gehalt und Gefällen seinen Mann redlich und kümmerlich nährt in Ewigkeit. Amen."

„Sie hat keinen Menschen auf der Welt," jammerte der Stadtschreiber, der immer wieder an Babette dachte, weiter.

„Will Er um eines Weibsbilds willen auf die schönste Stadtschreiberei in der schönsten Stadt Kleinfrankens verzichten, über deren Rathaustor die vielsagenden Buchstaben *S. P. Q. F.*, das heißt *Senatus Populusque Frankenthalensis*, eingemeißelt stehen? Weiß Er, wie Hunger tut, und wie kleine Kinder schreien, wenn sie kein Brot haben? Meint Er, Verliebte leben von Nektar und Ambrosia? Oder will Er wirklich in der Welt draußen Seinen gelahrten Mann stellen und sehen, wie Er sich in den Händeln ein Haus zimmert?"

„Den Bettel werf ich ihnen vor die Füße," schrie der Kanzler.

„Weiß Er, daß man an weltlichen Höfen kriechen und an geistlichen ein Aug zudrücken muß, falls man eine schöne Frau mitbringt?"

„Heut noch geh ich aus der Stadt."

„Will Er das wirklich? Nun, vielleicht ist Er der Mann, um an einem geistlichen Hof besser fortzukommen als in dieser Stadt, von der ihre Nachbarn seit Methusalems Zeiten absonderliche Schwänke erzählen. Es heißt, unter dem Krummstab ist gut wohnen, und die hochgeborenen Domherren in Mainz, Würzburg oder Bamberg haben Leute, die nach dem Verse ‚*On trouve avec le ciel des accommodements*' leben, nicht ungern um sich. Aber wenn Er solche Pläne in Seinem Cerebro wälzt, so nehm Er sich auch gefälligst eine gute Lehre von dem Mohren mit, der auf unserem alten Wachturm dem ganzen heiligen römischen Reich die Zunge zeigt und den Leuten mit dieser Geste verkündet, was ein Biedermann von ihnen und der Welt *sub rosa* zu denken hat. Aber eh Er Seine Höhle aufsucht, will ich Ihm noch etwas Hübsches zeigen."

Ehe er sich erhob, blickte Christopher Kemmeter mit gespitztem Mund in die Kanne, um zu sehen, ob sie leer sei, und dann nahm er den wild dreinblickenden Kanzler am Arm, führte ihn eine knarrende Holztreppe hinauf und stieß ihn in eine Gerümpelkammer, wo Babette blaß und gefaßt bei einer geschnäbelten Öllampe am Tische saß und ein Waisenhemdlein säumte. Sie wollte aufflammen, als Friedrich Lerch stolpernd eintrat; als sie aber sein gedrücktes Wesen bemerkte, warf sie sich in seine Arme und brach in herzzerreißendes Weinen aus. Er streichelte ihr zärtlich die blassen abgemagerten Backen; aber er wagte noch lange kein Wort zu reden, bis sie endlich tief aufseufzte und fragte: „Was soll nun werden?"

Da erwachte der Mann in Friedrich Lerch, und er besaß mit einem Male eine Menge von Talenten und Schlichen, mit deren Hilfe er es zu einem schönen Ämtchen in einem der zahllosen Ländchen des Gaus zu bringen gedachte. Er tat, als ob er zeit seines Lebens nur mit Domherren, Kammerdirektoren, Rentmeistern und Sekretären Umgang gepflogen hätte, und ließ sein Rößlein immer wilder steigen. Babette hörte ernsthaft zu; als er aber mit dem Auskramen seiner Pläne fertig war und wieder in seine alte Mutlosigkeit zurücksinken wollte, gab sie ihm einen zärtlichen Rippenstoß, und als er ihre schimmernden Augen gewahrte, empfand er die tröstliche Gewißheit, daß die alte Babette noch lebe, und glückselig schloß er die Erglühende zum erstenmal in seinem Leben in die Arme.

So saßen sie eine Weile wortlos da, bis die wie ein Vögelein sich duckende Babette sich plötzlich losmachte und fragte: „Wenn ich nun aber doch ein Hexle wär?" Und als Friedrich Lerch leise lachte, verzog sie schmollend ihr blühendes Mündchen und seufzte: „Ach ja, das kommt davon!"

Die Wahl des Friedrich Lerch zum Stadtschreiber wurde von den hochmögenden Regierenden in Frankenthal nicht bestätigt. Die Evangelischen setzten es durch, daß, nach altem Recht und Brauch, einer der Ihrigen an die Stelle kam, und zu ihrem Erstaunen erhob der Spitalpfleger Christopher Kemmeter keine Einsprache. Er wurde überhaupt in diesen Tagen selten in der Stadt und im Rat gesehen, und wenn Gaffer kamen, um nach ihm zu sehen, erzählte er ihnen des langen und breiten, daß sein guter Freund, der Abt von Fulda, drei Fässer Zypernwein bei ihm bestellt habe, die er in nächster Zeit zu liefern gedenke. Wenn die Rede auf die verschwundene Hexe kam, spielte er den Schwerhörigen, und wenn ihm einer auf den Kopf zusagte, daß er bei dem Handel die Hand im Spiele habe, brummte er, ihm tue nur leid, daß die Gerichtsherren um ihr dreitägig Fasten gekommen seien. Er wußte, daß die Anhänger des Bürgermeisters sein Haus umschlichen und auch draußen, vor den Mauern, ihre Späher hatten; allein die Späher fanden es doch in der Ordnung, daß eine Woche nach dem Verschwinden Babettes ein Wagen mit drei Fässern vor dem Keller des Ratsherrn hielt, und kein Mensch ahnte, daß Babette unter dem mittleren, das keinen Boden hatte, saß und mit angstvollen Ohren dem Spiel des Postillions lauschte, der eine fromme Weise blies, als er langsam aus dem Falkentore fuhr. —

Friedrich Lerch selbst war eines Tages ohne Sang und Klang aus der Stadt verschwunden, und ein Gerücht wollte bald darauf wissen, er sei mit der Hexe Babette Glock in Bischofsheim gesehen worden.

Der Ratsherr Christoph Kemmeter erbot sich daraufhin, bei dem kurmainzischen Oberamtmann, dem Herrn Hans Rüdt von Collenberg, Klage zu erheben, falls das Gerücht von dem sündhaften Hexenschutz auf

Wahrheit beruhen sollte. Als er in einem alten Roquelaure, der seit zwanzig Jahren unbenützt im Schranke hing und da und dort Mottenlöcher sehen ließ, in den Postwagen steigen wollte, hörte er, daß zwei Wäscherinnen im Nachbarsgarten die Hexe Babette Glock gesehen haben wollten, wie sie, mit fliegendem Haar und auf einem Besenstiel reitend, dreimal um den Türmersturm geflogen sei und dem zungenreckenden Mohren ihr spitzes Zünglein gezeigt habe. Die beiden Gevatterinnen schwuren hoch und teuer, daß ihnen das Luder nicht mehr entwischen werde, wenn sie sie wieder fangen würden. Der Herr Spitalpfleger ließ sich die Geschichte zweimal erzählen und bemerkte dann, die Nürnberger hätten noch nie eine Hexe verbrannt, ohne sie zu haben, und so riet er auch den beiden Gevatterinnen, doch ja den Rat dafür zu stimmen, daß dieser löbliche Rechtsbrauch der Nürnberger nicht in Verfall gerate.

In der alten Tauberstadt ging er erst seinen Weingeschäften nach und ließ sich dann bei dem Junker Emmerich melden, den er in dem schmalen Schloßgarten zwischen zwei geputzten Frauenzimmern auf und ab wandelnd fand: es waren die junge Freifrau Ottilie und Babette, die nun ganz französisch ausstaffiert war und ein bemaltes Fächerchen in der Hand trug, an der ein goldenes Ringlein glänzte. Sie lief leichtfüßig auf den alten Ratsherrn zu, gab ihm einen Kuß und flüsterte ihm ins Ohr: „Wir halten übermorgen Hochzeit. Und dann will ich i h n ziehen." Und dann floh sie wieder zu ihrer neuen Freundin und faßte sie, wie Zuflucht suchend, am Arm, während der Junker seine Fahrt an den Hof zu Mainz erzählte und dem Gast den beklagten Gebetsstuhl der Familie von Collenberg zur Verfügung stellte. —

Da in diesem Augenblicke Friedrich Lerch aus der Rentstube daherkam, um seinen Gönner zu begrüßen, benützte dieser die Gelegenheit zu einem Scherze; er rief: „Er kommt gelegen. Er kennt doch die Geschichte von dem Gebetsstuhl, den mir der Herr Baron soeben zum Gebrauch für eine Hochzeit angeboten? So sag Er mir doch, welchen Bescheid Er hätte ergehen lassen, wenn Er Geheimer Rat des durchlauchtigsten Erzkanzlers gewesen wär."

Friedrich Lerch sah Babette an und entgegnete nach einer Weile: „Wir Johann Karl Friedrich von Gottes Gnaden, des Heiligen Römischen Reiches durch Germanien Erzkanzler und Kurfürst etc. fügen Unserm lieben getreuen Amtmann zu wissen, daß der beklagte Gebetsstuhl in Unserer Pfarrkirche zu Bischofsheim an seinem Platz zu bleiben hat; aber Wir geben ihm den wohlmeinenden Rat, den Vorhang offen zu halten, wenn der Herr Dekan predigt oder das Hochamt zelebriert, und die beklagte Schließung des Vorhangs, die Wir seiner christlichen Demut zugute halten wollen, für die Predigten und stillen Messen der Vikare und Kapläne zu versparen —"

Der Ratsherr lachte: „Er hat etwas gelernt! Er wird Sein Glück an einem Hof machen."

Doch da mischte sich Babette ins Gespräch: „Und wie haben wir uns im Betstuhl zu verhalten?"

Der Frankenthaler Ratsherr entgegnete: „Die Jungfer wird nie das Gelüsten haben, den Vorhang zuzuziehen; denn die Frauenzimmer wollen auch beim Beten gesehen werden."

Babette knickste und ergriff die Hand ihres Liebsten, um mit der Gesellschaft den Gang in die Kirche anzutreten, wo der Betstuhl in seiner funkelnagelneuen Pracht mitten in dem Hauptgang vor dem Chore stand. —

Christopher Kemmeter kam erst nach einer vollen Woche mit einem Hochzeitssträußchen an seinem Roquelaure und einem verschmitzten Gesicht heim. Er sprach zuerst bei der Margret Hippler vor, die wie sonst mit friedlichem Gesicht an ihrem Spinnrad saß, und erzählte dann in der Trinkstube und im Geheimen Rat, daß er in der Stadt der heiligen Lioba zwar auch einen festen, runden Hexenturm, aber keine Hexe darin gefunden habe, da die Hexen im Taubergrunde gründlich ausgestorben seien.

Friedrich Lerch half dem kurmainzischen Amtmann Collenberg eine Zeitlang bei dessen Amtsgeschäften, und später, als der Graf Stadion den Junker Emmerich als Rat des Erzkanzlers nach Mainz zog, begleitete er den jungen Herrn an den kurfürstlichen Hof, wo er selbst bald darauf eine Stellung als Geheimschreiber fand und durch Josef II. in den Adelsstand erhoben wurde. Babette Glock schenkte ihm ein einziges Töchterchen, das sich im Blütenalter von sechzehn Jahren mit dem Hauptmann Ignaz von Schreckenbach vermählte und sieben Söhne zur Welt brachte, die nach Wien gerieten und da in kaiserliche Dienste traten. Sie hatten alle sieben das Gemüt ihrer Großmutter geerbt, und wenn es heute unter den vielgepriesenen Wienerinnen noch viele heimliche Hexen gibt, so ist diese Wesenheit gewiß zu einem kleinen Teil auf das Blut der letzten Frankenthaler Hexe zurückzuführen.